Andrew Matthews • So machst du dir Freunde

Andrew Matthews

So machst du dir Freunde

Mit 70 Illustrationen
des Autors

VAK Verlags GmbH
Kirchzarten bei Freiburg

Titel der Originalausgabe: *Making friends*

2. Auflage: Oktober 1990
ISBN 981-00-1953-X

Bibliografische Information der Deutschen Nationalbibliothek
Die Deutsche Nationalbibliothek verzeichnet diese Publikation in der Deutschen Nationalbibliografie; detaillierte bibliografische Daten sind im Internet über http://dnb.d-nb.de abrufbar.

VAK Verlags GmbH
Eschbachstraße 5
79199 Kirchzarten
Deutschland
www.vakverlag.de

8. Auflage: 2010

Illustration und Umschlagbild: Andrew Matthews
Übersetzung: Michaela Schmidt
Lektorat und Layout: Norbert Gehlen
Umschlaggestaltung: Hugo Waschkowski
Druck und Bindung: Media-Print Paderborn
Printed in Germany
ISBN: 978-3-924077-35-8

Vorwort

Zwischenmenschliche Beziehungen sind die Quelle der meisten Freuden und Schmerzen im Leben. Dieses Buch vermittelt Ihnen einige Gedanken und Strategien, die Ihnen zu mehr Freude und weniger Schmerz verhelfen können.

Vielleicht dachten Sie gelegentlich über Bekannte etwa so:

"Es ist unmöglich, mit diesem Menschen *nicht* in Streit zu geraten." Oder: "Ich weiß nicht, was ich mit dieser Frau reden soll!" Für den Umgang mit solchen Menschen gibt es Möglichkeiten, die Sie vielleicht noch nicht ausprobiert haben, und diese werden wir uns ansehen.

Im Umgang mit anderen haben wir immer die Wahl zwischen *verschiedenen* Verhaltensweisen, aber die meisten von uns geraten vorwiegend in *gewohnte* Gleise und Verhaltensmuster.

Sie kennen wahrscheinlich Menschen, die anscheinend mit allen Leuten reden können. Diese Menschen treffen jemanden im Restaurant, und Sie denken automatisch, daß es sich hier um Kumpels handele, die sich schon ein Leben lang kennen. Sie fragen: "Wie lange kennen Sie einander schon?", und sie antworten: "Wir sind uns noch nie zuvor begegnet."

Diese außergewöhnlichen Menschen sind nicht unter einem besonderen Glücksstern geboren, sie wenden einfach bestimmte Fertigkeiten an und haben eine bestimmte – erlernbare – Art von Bewußtsein.

Es gibt Dinge, die allein keinen Spaß machen.

Haben Sie schon einmal versucht, allein eine Party zu feiern?

Ins Kino gehen, zu Abend essen, Karten spielen, zur Arbeit fahren, Probleme ausbügeln, Ferien planen und in Ferien gehen, umziehen, Pläne schmieden, Feste feiern, – all dies verlangt nach Gesellschaft, nach den Menschen, die Sie gern haben.

Ein glückliches Leben ist ein Leben voller Freundschaften. Stellen Sie sich vor, Sie verlören Ihren Arbeitsplatz, Ihr Geld oder Ihr schickes Auto ... Das würden Sie zweifellos überleben. Verlören Sie aber Ihre besten Freunde, wäre das etwas ganz anderes.

Unser Glück hängt von unserer Einstellung ab – von unserer Einstellung zu uns selbst, zu Arbeit, Anstrengung und Zielen, von unserer Reaktion auf Fehlschläge, Enttäuschungen, Freude, Schmerz und das Rätsel des Lebens. Mein erstes Buch, *So geht's dir gut,* handelt von solchen Dingen. Ich nenne es eine sanfte Lebensphilosophie.

In der Gleichung des Glücks gibt es jedoch eine Schlüsselvariable: andere Menschen.

Dieses Buch handelt von *den anderen.* Von den "anderen", mit denen wir lachen, leiden, schreien, fluchen, weinen, arbeiten, spielen, planen, debattieren, mit denen wir es versuchen, die wir lieben, denen wir vertrauen, die wir tolerieren, denen wir die Schuld zuschieben, an die wir glauben und die wir gelegentlich meiden.

Deshalb gibt es dieses Buch: *So machst du dir Freunde.*

Für Freundschaften gibt es keine einfachen Formeln. Um das Vertrauen anderer zu erwerben, braucht man gewiß mehr als ein gesundes Selbstbewußtsein und gute

Tischmanieren. Zum Beispiel Gleichgewicht zwischen Geben und Nehmen, zwischen Verpflichtungen sich selbst und anderen gegenüber. Und außerdem Großzügigkeit, Einfühlsamkeit, Humor und ein wenig Weisheit.

Unsere Welt ist vielschichtig. Wir haben eine innere Welt (Freunde und Familie) und eine Außenwelt (Chefs und Bankdirektoren); dann gibt es noch gelegentliche außerirdische Besucher, Vertreter, die an die Haustür kommen und ...

Unterschiedliche Menschen müssen unterschiedlich behandelt werden. (Sie behandeln Ihren Chef anders als Ihre Ehefrau.) Trotzdem erstreben wir ein friedliches Zusammenleben mit Menschen aus allen Schichten.

Man muß alles immer wieder revidieren. Firmen analysieren ihren Umsatz und ändern ihre Strategien dementsprechend. Wir sollten (mit uns selbst) dasselbe tun. Bestandsaufnahme machen. Uns fragen: Bereichert das, was ich tue, mein Leben?

Nehmen wir zum Beispiel Fritz, der all den modischen Kram besitzt: Hemd von Armani, Anzug von Cardin, Schuhe von Gucci und einen Stapel von Kreditkarten, der so lang ist wie eine Ziehharmonika. Er trägt eine goldene Uhr am Handgelenk und hat einen dazu passenden Porsche in der Garage stehen. Und er mag behaupten, alles "richtig" zu machen. Aber vielleicht fragt sich Fritz: "Wenn ich doch alles richtig mache, wieso habe ich denn keine wirklichen Freunde? Wie kommt es, daß dieser Gerd mit seinem zerbeulten alten Toyota alle Lacher auf seiner Seite und so viel Erfolg bei den Frauen hat?"

Wie Fritz können auch wir einen Nutzen aus einigen aufschlußreichen Fragen ziehen, etwa: "Bin ich zuverlässig? Fühle ich mich überlegen? Fühle ich mich unterlegen? Gerate ich schnell in Panik? Nehme ich mich zu ernst? Kann ich über mich selbst lachen? Bin ich ein guter Zuhörer? Bin ich verantwortungsbewußt? Macht es Spaß, mit mir zusammenzusein, oder langweile ich alle zu Tode?"

Meine erste Lektion zum Thema Freundschaft lautet: Wenn Ihnen an Freundschaft gelegen ist, müssen Sie zuerst selbst ein Freund sein.

Andrew Matthews

August 1990

Inhalt

STREITEN
LÄCHELN
BRÜLLEN UND TOBEN
SEI NETT!
STREITE DICH NICHT!
WEINEN
BLEIBE HART!
HÖR ZU!
MATTHEWS
WIE MAN MIT MENSCHEN AUSKOMMT

Kapitel 1

Sie und die anderen

Wir alle werden manchmal nervös

Angewohnheiten

Sich nicht mit anderen vergleichen

Nicht auf andere warten

Sich selbst nicht zu ernst nehmen

*Es ist nicht gut, die "andere Hälfte" von jemandem zu sein –
Sie sind ein ganzer Mensch.*

Wir alle werden manchmal nervös

Die meisten Menschen haben mehr Angst als Sie selbst. Hatten Sie schon einmal vor jemandem Angst? Wenn es ein Trost ist: Viele Menschen, die kühl, ruhig, gesammelt aussehen und anscheinend vor Selbstvertrauen förmlich überquellen, haben schreckliche Angst.

Da sehen Sie eine bezaubernde Frau, die auf einer Party für sich alleine sitzt und ganz gelassen an ihrem Martini nippt. Und Sie denken sich: "Die sieht ja wirklich ruhig und selbstbewußt aus." Wenn Sie jedoch Gedanken lesen könnten, wären Sie wohl erstaunt ... "Wundern sich die Leute, warum ich allein bin? ... Wenn ich attraktiv bin, warum habe ich dann keinen Mann? ... Mein Busen ist zu klein ... Wenn ich doch nur so helle wäre wie meine Schwester ... Ich möchte auf die Toilette gehen, aber dann schauen mich alle an ... Wenn dieser Typ jetzt zu mir herüberkommt und ein Gespräch anknüpft, falle ich tot um! ..."

Wir sehen den Industriemagnaten und sagen: "Der hat es geschafft!" *Er* schaut *sich selbst* an und macht sich Gedanken über seinen Schmerbauch und seine rote Nase, fragt sich, warum er sich mit seinen Kindern nicht verstehe, und quält sich mit dem Gedanken, daß er sein Fingerspitzengefühl, sein Haar und sein Geld verliert.

Ist das Leben nicht ein Witz? Wir denken, die anderen seien gut drauf. Die anderen denken, wir seien gut drauf. Wir fürchten uns vor den anderen, und die anderen fürchten sich vor uns.

Ein paar Jahre lang hielt ich Seminare, in denen sich die Teilnehmer zu Beginn vorstellen mußten. In diesen Seminaren hatte ich Ärzte, Lehrer, Großmütter, Fotomodelle, Verkäufer, Teenager und leitende Angestellte, die beim Gedanken daran, dreißig Sekunden lang vor eine größere Gruppe von Menschen hintreten und sprechen zu müssen, in Panik gerieten und Schweißausbrüche bekamen. Und hinter dieser Angst stand nichts anderes als der Gedanke: "Die anderen halten mich womöglich für nicht gut genug."

Halten wir uns vor Augen, daß *jeder* einmal denkt: "Ich bin nicht gut genug." Niemand ist immer "total gut drauf".

Furcht vor anderen führt nicht nur zu Angstzuständen, sondern auch zu Mißverständnissen. Vielleicht hatten Sie einmal Nachbarn, die nie mit Ihnen redeten, und deshalb redeten Sie auch nicht mit ihnen. Sie kamen zu der Schlußfolgerung, es seien unfreundliche Snobs. Wenn Sie auf der Straße aneinander vorbeigingen, betrachteten sie die Wolken, und Sie selbst studierten geflissentlich die Risse im Pflaster.

Nach einem oder zwei Jahren wurden Sie einander endlich vorgestellt und schlossen sofort Freundschaft. Sie hatten Angst gehabt, "Hallo" zu sagen, und gedacht, die anderen hätten ein Problem. Die anderen hatten auch Angst gehabt, "Hallo" zu sagen, und vermutet, *Sie* hätten ein Problem.

Nur wenige Menschen besitzen das Selbstvertrauen, das sie zur Schau tragen. Wenn Sie sich beim Zähneputzen im Spiegel betrachten, kommen Sie sich vielleicht ganz harmlos vor; lassen Sie sich aber nur nicht täuschen. Sie sind furchterregend! Sie machen viele Menschen nervös. Wenn Sie also schlaflose Nächte verbracht haben, weil Sie vor anderen Angst haben, geben Sie sich die Erlaubnis, das zu beenden. Und wenn Sie versucht sind, andere als voreingenommen und verklemmt abzutun, erinnern Sie sich an die Regel: Im Zweifelsfalle für den Angeklagten. Es ist gut möglich, daß sie einfach Angst haben.

Des Pudels Kern

Thoreau schrieb: "Die meisten Menschen führen ein Leben der stillen Verzweiflung." Wir sind uns alle hier und da unsicher. Weigern Sie sich, vor einer Handvoll Menschen Angst zu haben, die vielleicht, wie Sie selbst, im stillen verzweifelt sind!

Angewohnheiten

Ist Ihnen je aufgefallen, daß jemand, der eine schlechte Angewohnheit hat, diese gewöhnlich als letzter bemerkt? Der Typ mit dem Lästermaul hat keine Ahnung, daß er die Leute abschreckt. Der Kerl, der von Knoblauchwürsten lebt, findet nie heraus, daß er wie eine Knoblauchwurst riecht. Was sagt uns das in bezug auf unsere eigenen ärgerlichen Angewohnheiten? Gewöhnlich sind wir *die letzten,* die sie bemerken.

Ich habe eine Freundin, die redet, redet und redet. Wenn man sich mit ihr unterhält, hat man das Gefühl, vor einem Maschinengewehr zu stehen. Sie ist sehr intelligent und hochgebildet, merkt aber nicht, wie sie auf die Leute wirkt. Sie ist allgemein bekannt dafür, daß sie Unterhaltungen monopolisiert. Ihr Problem wurde ihr schon mehrere Male dargelegt, aber irgendwie dringt die Botschaft nicht durch. Sie hat ein gesellschaftliches Handicap und weiß nichts davon.

Wir müssen uns unserer Wirkung auf andere bewußt sein und bereit sein, etwas dafür oder dagegen zu unternehmen. Eine Entschuldigung wie "So bin ich nun einmal" kommt uns teuer zu stehen. Wenn uns mehrere Leute darauf aufmerksam machen, daß wir zu viel reden, immer zu spät kommen, oder daß wir predigen, brummig sind oder schlechte Manieren haben, können wir aus dieser Information einen Vorteil ziehen. Es ist gewöhnlich ein Hinweis darauf, daß wir ein Problem haben.

Eine Möglichkeit, uns unserer Wirkung besser bewußt zu werden, besteht darin, mit einem Freund zu reden, dem man wirklich vertraut. Wählen Sie Menschen, von denen Sie wissen, daß sie Sie nicht mutwillig herabsetzen, und fragen Sie sie: "Wie wirke ich auf andere?" Sagen Sie ihnen, daß Sie sich bessern wollen, und versichern Sie ihnen, daß Ihnen an einer vollkommen ehrlichen Antwort gelegen ist.

Einige Fragen für den Anfang:

"Rede ich zuviel?"
"Beschwere ich mich zuviel?"
"Trinke ich zuviel?"
"Habe ich Mundgeruch?"
"Ecke ich durch meine Ausdrucksweise an?"
"Spreche ich zuviel über meine Gesundheit, meinen Partner, meine Schlaflosigkeit, Geld, Religion, Jogging?"
"Wie sind meine Tischmanieren?"
"Esse ich mit offenem Mund?"
"Langweile ich die Leute manchmal?"
"Habe ich Kleider in meinem Kleiderschrank, die auf den Müll gehören?"

Das sind ganz persönliche Fragen, aber Sie müssen darüber Bescheid wissen. Was Ihr Freund Ihnen sagt, sollten Sie nicht als Evangelium auffassen; aber schenken Sie seinen Gedanken die gebührende Aufmerksamkeit. Fragen Sie sich: "Ist mir das schon von anderen einmal gesagt worden?" Fragen Sie sich: "Wie gefiele es mir, mit mir zusammenzuleben oder zusammenzuarbeiten?"

Es kann vorkommen, daß Sie andere kränken und doch beschließen, sich nicht zu ändern. Das ist in Ordnung, solange Sie wissen, was geschieht und was Sie das kostet.

Manche sind der Auffassung: "Ich habe nur *ein* Problem, und zwar mit den fünf Milliarden anderen Menschen auf der Welt. Ich bin vollkommen, aber keiner versteht mich ..."

Idealerweise sind die anderen Ihren Schwächen gegenüber tolerant; darauf kann man sich aber nicht immer verlassen. Auch wenn Sie selbst bewußt Toleranz üben, tun viele Menschen das nicht! Zahlreiche hoffnungsvolle leitende Angestellte wurden bei der Beförderung übersehen, weil sie schlampig gekleidet waren. Viele Ehen zerbrachen, weil die Frau ununterbrochen redete und der Mann nie zuhörte.

Des Pudels Kern

Außergewöhnliche Menschen entwickeln ein besonderes Bewußtsein ihrer selbst, das ihnen die Zuneigung anderer einbringt. Um andere positiv zu beeinflussen, müssen wir diese Art Bewußtsein entwickeln.

Sich nicht mit anderen vergleichen

"Die größte Liebe besteht darin, sich selbst lieben zu lernen."

Bevor Sie andere lieben können, müssen Sie sich selbst lieben lernen. Das müssen Sie glauben, wenn Sie Ihr Los verbessern wollen. Diese Botschaft wird auch in Seminaren und Büchern über persönliches Wachstum gepredigt.

Eine kritische Einstellung uns selbst gegenüber beeinträchtigt im allgemeinen unsere Einstellung zu Menschen, denen es besser geht. Nehmen wir zum Beispiel Frank, der mit Hanna verheiratet ist. Frank ist ein leitender Angestellter auf dem Weg nach oben. Hanna bleibt mit den Kindern zu Hause. Sie findet ihr Leben langweilig, während Frank sich eine Karriere zurechtschustert. Ergebnis: Hanna hegt einen Groll auf Frank. Tag und Nacht kritisiert sie den Mann, den sie "in guten wie in schlechten Zeiten" zu lieben und zu schätzen schwor. Der Grund dafür: Hanna mag sich selbst nicht leiden, also findet sie an Frank – und an anderen – alles mögliche auszusetzen.

Wenn es anderen gut geht, fühlt Hanna sich minderwertig, also wird sie kritisch. Ihre Kritik hat wirklich nichts mit Frank zu tun – sie hängt mit ihrer Selbsteinschätzung zusammen. Solange sie sich selbst nicht besser leiden mag, kann ihre Beziehung nicht besser werden.

Wenn wir nur <u>unsere</u> Fehler sehen, erwarten wir, daß andere auch nur <u>unsere</u> Fehler sehen. Es ist deshalb leider eine traurige Tatsache, daß wir immer darauf warten, daß man uns ablehnt.

Nehmen wir Fritz, der sich für einen Versager hält. Er sorgt sich, daß seine Freundin Maria ihn ebenfalls für einen Versager hält. Er ist sehr empfindlich, weil er nicht so viel Erfolg hat wie die Nachbarn. Er ist sich seines Übergewichts bewußt und vermutet, seine Nase sei zu groß. Fritz mag sich selbst nicht leiden und fühlt sich deshalb befangen und zweitklassig. Er befürchtet, daß Maria sich nach jemand anderem umschaut. Er ist leicht gekränkt und nörgelt täglich an ihr herum. Der arme Fritz kann von seinen Problemen nicht

lange genug absehen, um sich um Maria zu kümmern. Ergebnis: Maria fühlt sich ungeliebt, weil Fritz sich selbst nicht leiden mag. Wenn unser Selbstbild schlecht ist, leiden unsere Freunde immer darunter.

Wenn Sie sich mit anderen vergleichen, geraten Sie in eine Falle. Es wird immer Menschen geben, die begabter, reicher, klüger, geistreicher oder beliebter sind als wir. Es mag häufig vorkommen, daß unsere Eltern, Lehrer und Liebhaber sagen: "Warum bist du nicht wie dein Bruder?" Die Antwort lautet: "Weil ich nicht mein Bruder bin! Wenn ich mein Bruder wäre, wäre ich genau wie er!"

Es gibt einen Punkt, an dem wir alle beschließen müssen: "Ich bin einzigartig. Ich brauche nicht der Abklatsch meiner Mutter, meiner Nachbarn oder sonst irgendwelcher Menschen zu sein." Wir können uns bestätigen: "Ich bin nicht vollkommen, aber ich tue mein Bestes mit der Information, die mir zur Verfügung steht. Ich arbeite darauf hin, ein besserer Mensch zu werden, und ich akzeptiere mich im Augenblick so, wie ich bin."

Wir alle müssen wie Hanna und Fritz damit aufhören, uns an unseren Freunden, Partnern oder den Müllers von nebenan zu messen. Statt dessen beginnen wir, uns Ziele zu setzen und Dinge anzuvisieren, die uns sinnvoll erscheinen. Wir messen unsere Entwicklung in diesem Jahr im Vergleich zu *unserem* Fortschritt im letzten Jahr und nicht im Vergleich zum Fortschritt unserer Nachbarn. Wir beziehen unsere Befriedigung und unser Wertgefühl aus unserer eigenen Entwicklung.

Hanna kann auf vielerlei Arten zu einem besseren Selbstgefühl gelangen und dadurch eine bessere Partnerin werden. Statt Frank zu kritisieren, kann sie sich für zu Hause, ihre zukünftige Arbeit, ihre Weiterbildung, eine bessere Figur, ihre Freizeit sinnvolle und erreichbare Ziele setzen. Sie wird bald merken, *daß man selbst nicht aus dem dunklen Loch herausfindet, indem man andere mit hineinzieht.* Man muß herausklettern.

Auch Fritz muß sich Mühe geben. Und dazu übergehen, an seiner Entwicklung zu arbeiten, statt sich zu "vergleichen": indem er auf seinen kleinen Erfolgen aufbaut, Maria, wo immer das möglich ist, unterstützt; sich auf seine guten Seiten besinnt und die weniger guten Eigenschaften wie zum Beispiel seine gut entwickelte Nase akzeptiert.

Wenn wir uns nicht länger unaufhörlich mit anderen vergleichen, sind wir frei, andere zu schätzen (und ihnen Komplimente zu machen). Dann zählen wir nicht länger heimlich Plus- und Minuspunkte ... "Sie hat diese tolle Jacke, ein weiteres Diplom, eine neue Trophäe, einen neuen Freund – heißt das, sie ist besser als ich?" Wir verschrotten die *destruktive Auffassung: "Wenn du besser bist, dann bin ich schlechter."*

Sich selbst lieben bedeutet nicht, vor aller Welt angeben. Es geht vielmehr darum, sich selbst anzunehmen, und es bedeutet, sowohl auf seine Vorzüge als auch auf seine Unzulänglichkeiten zu achten. *Wer sich an fruchtbaren Beziehungen erfreuen will, muß beschließen, sein eigener bester Freund zu sein.*

Fritz sagt: "Ich bin immer noch nicht überzeugt davon, daß ich mich lieben sollte." Nun, es gibt einen weiteren einfachen Grund dafür, weshalb Fritz sich zuerst selbst mögen muß. *Wenn er sich selbst nicht mag, kann er nicht glauben, daß andere ihn mögen!*

Das führt zu weiteren Problemen:

- Wenn die Menschen nett zu Fritz sind, kann es sein, er kommt zu dem Schluß, daß sie
  a) etwas von ihm wollen oder daß
  b) mit ihnen, wenn sie seine Gesellschaft suchen, etwas nicht stimmt.
- Wenn er sich ständig kritisiert, beschließen seine Freunde vielleicht allesamt, daß er Probleme habe, und meiden Fritz ganz.
- Fritz befürchtet vielleicht auch, daß ihn andere unmöglich nett finden können, wenn sie ihn erst einmal richtig kennen; so zerstört er vielleicht unbewußt seine Beziehungen, bevor andere die Chance haben, ihn abzulehnen.

Die Psychoanalytiker Dr. Bernhard Berkowitz und Mildred Mewman schreiben: "Menschen, die sich selbst nicht lieben, können andere anbeten, denn Anbetung macht andere groß und uns selbst klein. Sie können andere begehren, denn Begierde entsteht aus einem Gefühl der inneren Unvollständigkeit, die nach Erfüllung verlangt. Aber sie können andere nicht lieben, denn Liebe ist ein Bejahen des lebenden, wachsenden Seins in uns allen. Wenn Sie keine Liebe besitzen, können Sie auch keine Liebe geben."

Das Leiden wählen

Wenn unser Selbstbild nicht gut ist, beschließen wir vielleicht, unser Leben elend zu gestalten und uns so zu bestrafen. Leiden hat wie alle Verhaltensweisen seine Vorteile ...

- Wenn Sie immer leiden und schon immer gelitten haben, vermittelt Ihnen das Leiden ein gewisses Gefühl der Sicherheit. Sie verstehen es, und Veränderung macht außerdem Angst. Mit dem Leiden ist es ein bißchen wie mit manchen Kranken, die manchmal eingestehen: "Wenn ich je gesund würde, hätte ich keine Entschuldigungen mehr. Es ist irgendwie schon bequem, krank zu sein."
- Wir folgern vielleicht auch, daß Versagen uns irgendwie liebenswert macht: "Wenn ich lange genug leide, haben meine Eltern, mein Partner oder andere vielleicht Mitleid mit mir und gewinnen mich lieb." Leider ist Mitleid keine Grundlage für gesunde Beziehungen.
- Wir leiden weiter und warten vielleicht darauf, daß Gott bemerkt, wie elend wir sind, und hoffen, daß er eines Tages die Geduld verliert und sagt: "Genug jetzt! Ich kann diesen Schlamassel nicht länger ertragen." Und dann bringt er alles für uns in Ordnung.

Wenn sich unser Selbstbild bessert, ist das Leiden keine annehmbare Alternative mehr; doch entscheiden sich manche von uns weiterhin dafür, und das ist ihr gutes Recht.

Wie kann ich mich lieben?

Sie sagen: "Nun, also ich sehe jetzt ein, daß es wichtig ist, sich zu lieben oder zumindest zu mögen, aber wie soll ich das machen, wenn ich mir wie ein Versager vorkomme? Wo ich doch von meinen Eltern abschätzig behandelt wurde, die Lehrer sich über mich lustig machten? Und wenn ich doch meine Schweinsaugen und meine krummen Zähne hasse?"

Nun, es ist möglich, sich so, wie man ist, zu akzeptieren und sogar zu lieben. Es mag eine langwierige Aufgabe sein, aber der Gewinn ist hoch. Ihr ganzes Glück hängt davon ab, wie Sie zu sich selbst stehen. Der Erfolg all Ihrer Freundschaften hängt davon ab, wie Sie sich akzeptieren.

Fragen Sie sich: "Will ich mich aufwerten oder abwerten?"

Zunächst hilft ein Rückblick auf die Entstehung Ihres Selbstbildes.

Für wen halten Sie sich?

Das früheste Feedback, das Sie erhielten, kam von Ihrer Familie und war größtenteils *negativ*: "Mach keine Unordnung ... Du machst *immer* Sachen kaputt ... Du tust *nie*, was man dir sagt ... Du machst mich verrückt ... Sei doch nicht so *dumm* ... Ich könnte euch Kinder umbringen ..." Manchen Eltern gelingt es, ein Gleichgewicht zwischen Negativem und Positivem zu schaffen, aber für viele Kinder gibt es nur eines. Unsere Eltern liebten uns durchaus, häufig kam ihnen jedoch einfach das Leben in die Quere. Wie vermittelt man seinem Dreijährigen, daß er geliebt und einzigartig ist, wenn er dauernd Lippenstift auf die neue Tapete schmiert? Bis zu welchem Grad können Sie das Selbstbild Ihres Kleinen in Betracht ziehen, wenn er gerade Ihre Brieftasche in den Fluß geworfen hat?

Es ist unvermeidlich, daß ein Kind in einer Familie von Erwachsenen fühlt, daß alle anderen alles wissen, es selbst aber nichts weiß. Die anderen beherrschen technische Fragen wie das Knüpfen von Schnürsenkeln und den Gang zur Toilette. Das Kind ist der Trottel, dem man das alles immer wieder erklären muß. Auch ältere Geschwister sind nicht förderlich für ein gutes Selbstbild. Wenn sie uns sagen, wir seien dumm, und sie sind sechs Jahre alt und wir drei, dann muß man ihnen einfach glauben. Sie haben Erfahrung. Sie kennen die Welt. Sie sind schließlich *sechs!*

Mit Schulbeginn vermehren sich die Probleme. Es sieht wieder so aus, als wüßten alle anderen alles und wir selbst nichts. Und wieder wird verglichen. Die Lehrer ignorieren uns meistens, wenn wir das Richtige tun, und gehen auf uns los, wenn es nicht richtig gerät. Und wieder tritt das Gefühl auf, daß man nicht in Ordnung ist. Nach acht oder zehn Jahren in der Schule kommt die Pubertät, und dann wird das Leben wirklich hart. Alles geschieht entweder zu schnell oder zu langsam: Manche Dinge werden zu groß, andere wachsen überhaupt nicht, und allein schon der Umstand, daß man am Leben ist, ist ungeheuer peinlich.

Währenddessen schaut man täglich fern. Im Fernsehen sieht man reihenweise begabte und attraktive Menschen, die Heldentaten vollbringen. Die Frauen haben alle eine reine Haut, große Augen und gerade Zähne, und die Männer sind über einsachtzig groß, muskulös und haben ein ausgeprägtes Kinn. Beim Vergleich mit diesen Geschöpfen leidet unser Selbstbild noch mehr.

Und dann ist da die Werbung, die uns über all die Dinge informiert, die wir unbedingt haben müssen, uns aber nicht leisten können. "Weltgewandte Menschen tragen Christian Dior. Frauen, die Bescheid wissen, kaufen Gucci. Männer mit Stil fahren einen Jaguar ..." Die Botschaft lautet: "Wenn du das nicht hast, dann hast du *es* eben nicht." Gleichzeitig kritisiert uns die Familie unaufhörlich, weil "wir dich lieben". Sonntags hören wir in der Kirche, daß wir Sünder sind.

Verstehen Sie, was das alles bedeutet? Wir hatten kaum eine Chance! Wenn Mama, Papa, Bruder, Schwester, der Mathematiklehrer, Onkel Ralf, die Werbung und das Fernsehen ihre Spuren bei uns hinterlassen haben, kommen wir einfach nicht mehr mit.

Wir entsprechen dem "Ideal" nicht. Und da ist noch ein Haken an der Sache. Die meisten Menschen in unserer Umgebung haben ein schlechtes Selbstbild, deshalb ziehen sie uns nach unten, dann fühlen wir uns schlecht und ziehen sie nach unten, also fühlen sie sich schlecht und ziehen uns noch weiter nach unten ... Wir alle fühlen uns im Endeffekt minderwertig. (Es gibt eine Studie, die anzeigt, daß 98 Prozent der Kinder bereits im Alter von vierzehn Jahren ein negatives Selbstbild haben. Sie hassen ihren Körper und fühlen sich unzulänglich und unsicher.)

Nachdem ich jetzt also weiß, woher mein schlechtes Selbstbild stammt, kann ich die Schuld auf andere abschieben, stimmt's?

Falsch! Jetzt, da Sie wissen, woher manche Ihrer Vorstellungen kommen, können Sie sie ablegen. *Schieben Sie die Schuld nicht auf andere.* Ihre Eltern taten ihr Bestes. Sie liebten Sie, so gut sie eben konnten. Machen Sie sich einfach nur klar, daß die meisten Botschaften, die Ihnen zuteil wurden, verzerrt waren. Diese Botschaften kamen von Menschen, die das Gefühl hatten, nie gut genug zu sein. Was teilten sie Ihnen also mit? "Du bist nicht gut genug!" Ihre Aufgabe besteht darin, Ihr wahres Selbst schätzen zu lernen.

"Moment mal!" sagen Sie. "Und wenn ich nun tatsächlich *kein* sehr netter Mensch bin?" Nun, wenn Sie sich nicht für nett halten, hängen Sie wahrscheinlich noch an dem alten Zeug, das Sie von anderen übernommen haben.

"Aber", sagen Sie, "ich muß hier widersprechen. Ich glaube, ich sollte mich aus folgenden Gründen unzureichend und schuldig fühlen:

a) Ich habe eine Menge Dummheiten begangen.

b) Ich habe andere Menschen enttäuscht.

c) Ich versage häufig.

d) Ich fühle mich nicht gut genug.

e) Ich esse zuviel.

f) Manchmal hege ich sogar böse Gedanken.

Herzlich willkommen! Sie gehören also auch zum Geschlecht der Menschen! Wenn Sie vollkommen *wären*, gehörten Sie zu den Engeln. Der Umstand, daß Sie noch ein Mensch sind, gibt Ihnen die Erlaubnis, Fehler zu machen und sich wie wir alle ein bißchen unsicher zu fühlen.

Gibt es denn keine Menschen mit einem guten Selbstbild?

Doch, aber sie erreichen ihr gutes Selbstbild dadurch, daß sie Tag für Tag daran arbeiten. Ironischerweise fühlen sich genau die Menschen, die wir am meisten bewundern, oft unzulänglich. Der Fußballstar hält sein Talent für selbstverständlich und wünscht, er wäre so intelligent wie sein Bruder. Sein intellektueller Bruder rechnet es sich nicht sehr hoch an, daß er das Medizinstudium geschafft hat, und wünscht sich, die Frauen fänden ihn so anziehend wie seinen fußballspielenden Bruder. Beide wünschen sich, sie wären so reich wie ihr Vetter Karl, und Karl wünscht sich ... Wir leben nun einmal in einer Welt, in der es drunter und drüber geht. Die Kirschen in Nachbars Garten sind immer süßer.

Und was ist mit denen, die immer angeben und uns erzählen, sie seien die Größten?

Zweifellos sind Sie schon Menschen begegnet, die sich für den Mittelpunkt des Universums halten, zum Beispiel Frauen, die sich wirklich für eine Art Marilyn Monroe, Jackie Onassis und Eleanor Roosevelt in einer Person halten; Männer, die Ihnen schon in den ersten zwanzig Sekunden der ersten Begegnung mit der Nummer "Ich bin der Größte, Reichste, Potenteste und Klügste" kommen.

Sie sind der lebende Beweis dafür, daß ein Gleichgewicht notwendig ist. Einbildung verärgert die Leute. Diejenigen, die von einem künstlichen "Ich habe gerade dieses Seminar absolviert, bin ich nicht toll"-Selbstbewußtsein förmlich überlaufen, oder Menschen, die auf Partys mit einem Auge immer nach dem Spiegel schielen, stoßen uns ab.

Es gibt zwar Menschen, die sich wirklich für vollkommen halten; die meisten Leute, die uns dauernd sagen, wie wunderbar sie seien, versuchen in Wirklichkeit jedoch, sich selbst davon zu überzeugen. Sie fühlen sich so unsicher, daß das Eingeständnis einer Schwäche sie in schreckliche Angst versetzt. Sie fürchten, die Welt könne ihr wahres "Ich" sehen, wenn sie ihre Errungenschaften einmal nicht mehr anpreisen.

Was uns selbst anbetrifft, bedeutet uns selbst lieben nicht, daß wir zu Angebern werden sollten. Es ist vielmehr eine Frage des stillen Selbstvertrauens, eines durch Humor gemilderten Selbstbewußtseins, der inneren Sicherheit.

Selbstbewußtsein ist eine heikle Angelegenheit. Wenn man zuviel oder zuwenig davon hat, kann man sich sehr allein gelassen fühlen.

Was kann ich sonst noch tun, um mich gut zu fühlen?

Wenn Sie a) aufgehört haben, sich ständig zu vergleichen, b) sich sinnvolle, erreichbare Ziele setzen und c) netter mit sich selbst umgehen, gibt es noch etwas, was Sie für sich tun können.

Achten Sie auf all die vielen Dinge, die Sie anderen zuliebe tun. Klopfen Sie sich in aller Stille von Zeit zu Zeit auf die Schulter. Es gibt Hunderte von Dingen, die wir täglich tun können, um das Leben unserer Mitmenschen zu erleichtern. Jedesmal wenn Sie lächeln, zuhören, jemandem ein Glas Wasser bringen, Ihr Kind von der Schule abholen, eine Karte schicken, einem Freund ein Buch ausleihen, ist das ein Ausdruck Ihrer Fürsorge. Und doch fehlten Ihnen, wenn jemand auf der Straße Sie fragte: "Was haben Sie heute für den Planeten getan?", vielleicht die Worte. Man vergißt so leicht, man sagt so leicht: "Ich tue doch nur, was alle anderen auch tun würden." Nun, vielleicht sind das auch außergewöhnliche Leute – lassen Sie aber Ihren eigenen Beitrag nicht unberücksichtigt.

Wir sagen uns zu oft: "Ich tue nicht mehr, als alle anderen tun sollten." Unsinn! Klopfen Sie sich auf die Schulter. Tragen Sie Ihren Kopf hoch und fühlen Sie sich gut. Auf diese Weise gelingt Ihnen zukünftig mehr.

WIR WAREN VON ANFANG AN IMMER...
EHRLICH MIT HÄNSCHEN...
DU BIST EIN HOFFNUNGSLOSER TROTTEL!
HABEN IHN ERMUTIGT
MACH, DASS DU AUFSTEHST!
...HABEN IHM GEHOLFEN, SICH ZIELE ZU SETZEN..
WENN DU DURCHFÄLLST, BRECHE ICH DIR DAS GENICK!
...HABEN IHM VERANTWORTUNG ÜBERTRAGEN..
DU BIST SCHULD!
...IHN ANGELEITET...
WARUM MACHST DU ES NICHT WIE DEIN VATER?
...HABEN IHN UNTERSCHEIDEN GELEHRT...
DEINE FREUNDE TAUGEN NICHTS!
UND IHN ZUR SELBSTÄNDIGKEIT ANGEHALTEN...
MACH, DASS DU RAUSKOMMST!
ICH VERSTEHE NICHT, WARUM ER KEIN SELBSTVERTRAUEN HAT!
ANDREW MATTHEWS

Es gibt für uns alle Hoffnung ...

Fragen Sie irgendeinen Menschen, welche Eigenschaften er an anderen am meisten bewundert, und Sie erhalten als Antwort wahrscheinlich eine Liste, die folgende Eigenschaften umfaßt: Ehrlichkeit, Entschlossenheit, Mut, Engagement, Durchhaltevermögen, Fürsorglichkeit, Großzügigkeit und Bescheidenheit.

Wenn Sie sich diese Liste näher betrachten, fällt Ihnen etwas auf. Diese Eigenschaften sind nicht angeboren, sie sind erworben. Sie werden nicht mutig, ehrlich oder fürsorglich geboren; Sie können so werden, wenn Sie wirklich wollen. Diese Eigenschaften fallen Ihnen nicht zu, weil Sie eben Glück haben, vielmehr erwerben Sie diese Attribute, wenn Sie Ihnen wertvoll erscheinen.

Auch Wissen und Erfahrung sind keine Glückssache, und auch damit wird man nicht geboren. Man erwirbt sie irgendwann einmal.

Ist das nicht spannend? Was Sie bei der Geburt mitbekamen, beeinflußt das Muster Ihres Lebens nur mäßig. Ihre persönlichen Ziele sind wesentlich wichtiger. Wenn Sie größer, stärker, verständnisvoller oder entschlossener werden wollen, können Sie jetzt damit anfangen – falls Ihnen damit ernst ist. Und wenn Sie sich verändern und entwickeln, ändert sich auch Ihr Selbstbild.

Des Pudels Kern

Die Welt ist wie ein Spiegel. Die meisten unserer Probleme mit anderen reflektieren die Probleme, die wir mit uns selbst haben.

Es ist nicht notwendig, sich daran zu machen, alle anderen zu ändern. *Wenn wir behutsam einige unserer eigenen Vorstellungen verändern, bessern sich unsere Beziehungen automatisch.*

Nicht auf andere warten

"Ich warte einfach nur darauf, daß jemand daherkommt und mich glücklich macht."

Maria ist deprimiert und einsam. Sie findet ihr Leben gar nicht in Ordnung. Sie sagt sich: "Wenn es mir gelingt, ein paar Menschen zu finden, die mich mögen, werde ich glücklich sein." Falsch!

Wenn Ihr Leben nicht in Ordnung ist, halten sich glückliche und stabile Menschen gewöhnlich von Ihnen fern. Sie suchen nach denjenigen, deren Leben im großen und ganzen stabil und glücklich verläuft. Solange Maria sich elend und deprimiert fühlt, wird sie nur Menschen anziehen, die selbst große Probleme haben. Dann erleben sie das doppelte Elend.

Dasselbe gilt für das Warten auf einen Liebhaber. Wir müssen unsere Probleme zuerst alleine ausarbeiten. Wenn ich zu jemandem sage: "Wenn du mich nur genug liebst, werde ich bestimmt nicht länger versuchen, mich umzubringen", dann belastet das unsere Beziehung unweigerlich.

Andere Menschen können schon dazu beitragen, daß wir uns glücklicher fühlen, doch zuerst müssen wir unser Leben unter Kontrolle haben. Wenn wir darauf warten, daß andere "auftauchen" und alles in Ordnung bringen, spielen wir mit der Enttäuschung:

- Wenn niemand kommt, werden wir noch deprimierter.
- Wenn jemand kommt, sich aber nicht so verhält, wie wir uns das wünschen, sind wir erst recht deprimiert! Dann geben wir ihm die Schuld und sagen: "Du sollst mich doch glücklich machen!"

Menschen, die erfüllende, stabile Beziehungen genießen, sind ausgeglichene Menschen. Sie erwarten nicht, daß andere "ein Loch ausfüllen".

Sie erkennen ihren eigenen Wert. In Schlagern und Filmen heißt es zwar allgemein: "Bis ich dir begegnete, war ich ein Niemand", aber im Leben ist diese Situation ungesund. Man muß zuerst selbst jemand sein. Es ist nicht gut, die "andere Hälfte" eines Menschen zu sein – Sie sind ein ganzer Mensch.

DU SOLLST MICH DOCH GLÜCKLICH MACHEN!

Was also tun?

Wir wollen von Maria lernen. Sie ist einsam, deprimiert und fühlt sich ausgeschlossen. Sie versteht nicht, warum die anderen sie bei ihren Plänen aussparen.

Vielleicht hat sie die Tatsache übersehen, daß sie immer darauf wartet, daß die anderen sie anrufen, den ersten Schritt tun, sich verabreden, sie zum Mitmachen überreden. Die Menschen werden es satt, sie zu überreden; sie wollen Begeisterung.

Sie müssen die anderen wissen lassen, daß Sie bereit sind, am Leben teilzunehmen. Der erste Schritt in Richtung Freundschaft besteht in der Bereitschaft, auszugehen und Menschen zu begegnen. Auf dem Weg vom Fernseher zum Kühlschrank trifft man nicht viele interessante Menschen.

Maria kann die Initiative ergreifen und ein paar Leute anrufen: "Hallo, Karin! Du erinnerst dich vielleicht nicht an mich, aber ich wohne gegenüber. Hast du Lust, eine Pizza essen zu gehen?" – "Hallo, Eddy. Ich würde dieses Wochenende gerne radfahren/studieren/drachenfliegen gehen. Hast du Lust mitzumachen?"

Die Welt ist voller Menschen, die ihre Schüchternheit (oder Arroganz) überwunden haben und sich neuen Horizonten öffnen. Wenn Sie beabsichtigen, einige Veränderungen vorzunehmen und neue Freunde zu finden, seien Sie darauf gefaßt, daß Sie von Zeit zu Zeit auf Ablehnung stoßen oder eine Absage erhalten. Geben Sie sich weiterhin Mühe, es macht sich bezahlt.

Wenn Sie nicht enttäuscht werden wollen, schließen Sie Freundschaften, ohne Gegenleistungen zu erwarten. Stellen Sie keine Forderungen, wenn Sie etwas für andere tun, dann sind Sie nie enttäuscht. Manche Menschen erwidern unsere Zuneigung und tun uns ihrerseits einen Gefallen, andere nicht. Wenn Sie sich um andere kümmern, weil Sie das tun möchten, und nicht, weil Sie eine Gegenleistung erwarten, dann fühlen Sie sich nicht niedergeschlagen, wenn andere nicht an Sie denken oder einen Gefallen nicht erwidern. Das Universum ist im wesentlichen fair und gerecht. Wenn Sie Zuneigung und Fürsorge geben, wird Gutes zu Ihnen zurückkommen, doch nicht unbedingt zu dem Zeitpunkt oder aus der Richtung, aus der Sie es erwarten.

Des Pudels Kern

- Wir alle müssen unseren eigenen Wert selbst erkennen. Wenn wir uns davon abhängig machen, daß andere das tun, und die anderen es nicht tun, sind wir ständig enttäuscht.
- Sie können in einer Beziehung einen anderen nur dann ergänzen, wenn Sie ein ganzer Mensch sind. Andernfalls belasten Sie die Beziehung.
- Wenn Sie einsam und deprimiert sind, hilft es nicht, jemanden zu finden, der Sie mag. Suchen Sie jemanden, dem Sie ohne Erwartungen Ihrerseits Freundschaft schenken können.
- Wenn Sie neue Leute kennenlernen und Freunde finden wollen, *tun Sie den ersten Schritt.*

Sich selbst nicht zu ernst nehmen

Hans hatte jahrelang einen Bart getragen und beschloß, sich nun zu rasieren. Er war in bezug auf diesen Entschluß sehr gehemmt und fragte sich: "Was werden nur meine Freunde und Arbeitskollegen dazu sagen? Werden sie sich über mein Gesicht lustig machen?"

Nach monatelangem Zögern faßte er endlich den Mut, das Gestrüpp abzurasieren – zumindest ließ er alles bis auf das Haar auf seiner Oberlippe verschwinden. Als er am nächsten Tag zur Arbeit kam, fürchtete er das Schlimmste. Zu seiner Überraschung sagte niemand etwas über sein verändertes Aussehen. Tatsächlich sagte bis zur Mittagspause niemand auch nur ein Wort.

Schließlich hielt er es nicht länger aus. Er brachte die Sprache selbst darauf: "Was haltet ihr von meinem neuen Aussehen?"

Sie schauten ihn verdutzt an: "Welches neue Aussehen?"

"Fällt euch denn keine Veränderung an mir auf?"

Es entstand ein langes Schweigen, während dessen ihn alle von Kopf bis Fuß musterten. Endlich meldete sich jemand:

"Ja, du hast dir einen Schnurrbart wachsen lassen!"

Ist es nicht wahr, daß wir uns selbst so ernst nehmen können, so gehemmt sind und denken, daß uns jeder anschaut? Dabei verschwenden die anderen nicht einmal einen Gedanken an uns.

Sich selbst so ernst nehmen kann auch bedeuten, daß wir verzweifelt einen Eindruck machen wollen. Nehmen wir zum Beispiel Nina, die jedesmal, bevor sie aus dem Haus geht, zwei Stunden vor dem Spiegel verbringt. Die Entscheidung für oder gegen das blaue Kostüm, das Satinkleid, die schwarzen Pumps und die weißen Sandalen ist eine Qual. Sie probiert elf verschiedene Halsketten und siebzehn Paar Ohrringe an, bevor sie mit der Wirkung zufrieden ist. Sie wendet sich an ihren Mann: "Wie sehe ich aus?"

"Großartig."

"Bist du sicher?"

"Phantastisch."

"Das Haar ist nicht zu streng?"

"Nein, genau richtig."

"Der Lippenstift ist nicht zu dunkel?"

"Wunderschön."

"Bist du sicher, ich sehe gut aus?"

"Du siehst wunderbar aus."

Bevor sie ins Auto steigt, rennt Nina noch einmal ins Haus zurück und zieht andere Ohrringe an. Im Verlauf des Abends sagt sie sich zwei- oder dreimal (und flüstert es auch manchmal ihrem Mann zu): "Ich hätte doch lieber die Perlenohrringe nehmen sollen." Ihr Mann sagt: "Es macht doch nichts." Und Nina fühlt sich verletzt.

An einem gewissen Punkt wird der Stolz auf das Aussehen zu einem Zwang. Ninas Fall ist ein Beispiel von umgekehrtem Selbstwertgefühl: Es liegt ihr nicht wirklich viel daran, Freunde zu gewinnen – sie möchte einen *Eindruck* hinterlassen. Ninas Welt dreht sich um ihre Schuhe, ihre Kleider, ihren Geschmack beim Schmuck und um sie selbst. Wenn andere Menschen distanziert wirken, hält sie sie entweder für eingeschüchtert oder für neidisch. Tatsächlich finden die anderen sie öde und langweilig.

Oft kümmern die Dinge, die uns ungeheuer wichtig erscheinen, den Rest der Menschheit kein Jota. Bernd hat einen Pickel auf seiner Nasenspitze und verurteilt sich zu einer Woche Einzelhaft. Wen kümmert das?

Des Pudels Kern

Überlegen Sie einmal, mit welchen Menschen Sie gerne Zeit verbringen. Es kann gut sein, daß dies Menschen sind, die über sich lachen können. Menschen, die über sich lachen, haben mehr Spaß, mehr Freunde und weniger Magengeschwüre.

Wenn wir zu viel an uns selbst denken, fühlen sich andere peinlich berührt, und letztendlich stoßen wir sie ab.

Kapitel 2

Mit sich ins reine kommen

Geteilte Erfahrungen machen das Leben süß.

Der Abstand, den wir halten

"Wir alle sind so viel zusammen, und doch sterben wir alle vor Einsamkeit."
Dr. Albert Schweitzer

Betrachten wir den Lebensstil des zwanzigsten Jahrhunderts: wie wir uns vor unwillkommenen persönlichen "Überfällen" absichern. Viele von uns wohnen in Hochhäusern, in denen wir unseren Nachbarn allenfalls einmal im Monat in der Eingangshalle begegnen. Andere wohnen umgeben von hohen Zäunen und Sicherheitsanlagen in Vororten. Wir haben geheime Telefonnummern und Wachhunde am Tor. Wir schließen bewußt die Möglichkeit unangenehmer Begegnungen aus und schaffen es dadurch auch, zahlreiche angenehme Begegnungen zu verhindern.

Wir stecken drei Stunden am Tag im Verkehrsstau – isoliert. Wir unterhalten uns mit Computern. Wir machen keine Besuche mehr – wir schicken ein Fax.

Einkaufszentren haben den Kramladen an der Ecke ersetzt. Wir nehmen unsere Mahlzeiten nicht mehr im Familienkreis ein, sondern begnügen uns mit einem Fertiggericht vor dem Fernseher oder essen sowieso gleich am Kühlschrank.

Wenn wir uns in der Öffentlichkeit bewegen, schauen wir starr und ausdruckslos vor uns hin. Das ausdruckslose Starren ist die Standardausrüstung, mit der man sich in Aufzügen, Untergrundbahnen und Supermärkten distanziert. Der ausdruckslose Blick besagt: "Ich kenne dich nicht, in meinem Kopf spielt sich nichts ab, sprich nicht mit mir, du könntest ein unangenehmer Sonderling sein."

Wir sehen am Tag vier Stunden lang fern – allein. Auch wenn andere sich im gleichen Zimmer aufhalten, richtet sich unsere Aufmerksamkeit doch aufs Fernsehen. Zur Not haben wir Videogeräte. Wenn nichts über die Ätherwellen kommt, bekommen wir trotzdem unsere elektronische Drogendosis.

Ist das alles schlecht? Nein. Es ist nicht unbedingt schlecht. Wir leben in einer spannenden (und sehr bequemen) Zeit, aber wir müssen verstehen, was los ist. Es herrscht ein ungeheurer Druck, der uns von den Menschen fernhält. Wer heutzutage persönliche Kontakte haben will, muß sich anstrengen.

Geteilte Erlebnisse machen das Leben süß. Die größten Freuden, unsere köstlichsten Augenblicke, unsere schwierigsten Aufgaben und die Zeiten der größten Liebe ereignen sich meist im Zusammenhang mit anderen Menschen. Andere Menschen vermitteln uns unsere größten Lernerfahrungen.

Wenn unser Aufenthalt auf diesem Planeten Spuren hinterlassen soll, müssen wir bereit sein, Barrieren abzubauen, und uns besondere Mühe geben, Menschen zu begegnen, mit Menschen Zeit zu verbringen und Menschen nahe zu kommen.

Manchmal hört man Väter sagen: "Ich verbringe nicht viel Zeit mit den Kindern, aber die Zeit, die ich mir für sie nehme, hat wirklich *Spitzenqualität*."

Was die Zeit angeht, so hat Qualität mit Quantität zu tun. Wenn Hänschen mit seinen zehn Jahren Ihnen sein Buch vorlesen, mit Ihnen spazierengehen oder sich im Gras wälzen will, können Sie nicht sagen: "Wir machen jetzt einen erstklassigen Spaziergang von zwei Minuten." Oder: "Wir wälzen uns jetzt im Gras. Es dauert zwar nur achtundfünfzig Sekunden, ist dafür aber spitzenmäßig." Die Qualität kommt nur zustande, wenn sie beide es tun, bis Sie genug davon haben. Machen wir uns nichts vor.

Wir müssen uns Mühe geben, Zeit mit anderen Menschen zu verbringen, und eine Priorität daraus machen. Die Welle der Technologie zieht uns immer in die andere Richtung.

Keine Spielchen mehr spielen

Niemand schafft es ganz allein, auch wenn wir manchmal so tun als ob. Wir täuschen es vor. Aber es gibt keinen Preis für ein Leben, das man mit dem Spielchen verbracht hat: "Ich bin o.k. Ich brauche niemanden."

Wie schade, wenn der Stolz dazwischenkommt. Hanna sagt: "Ich würde ja gerne Robert anrufen, aber ich möchte nicht, daß er denkt, ich mag ihn!" Robert sagt: "Ich bin verrückt nach Hanna, aber das kann ich ihr unmöglich sagen!" Sie verbringen ihr Wochenende für sich, stolz aber allein.

Es ist keine Schande, eine andere Person attraktiv zu finden oder sich in ihrer Gesellschaft wohl zu fühlen. Es ist nicht einmal eine Schande, einen Menschen zu mögen, der uns selbst nicht mag. Wenn Sie jemanden gerne mögen, der Ihre Zuneigung zufällig nicht erwidert, ist das in Ordnung. Es ist nicht notwendig, daß andere uns zuerst mögen oder es uns zuerst sagen. Sie brauchen nicht darauf warten, daß die anderen Sie wiederlieben! Sie können es verkünden und sagen:

"He! Ich finde Sie phantastisch. Ganz gleich, was Sie von mir halten, ich finde Sie toll."

Wir haben Freude am Leben, wenn wir uns ausdrücken, Risiken eingehen, uns voll ins Leben stürzen. Es werden Sie nicht alle mögen, aber Sie können lieben, wen immer Sie wollen.

Bert freut sich die ganze Woche auf das Wiedersehen mit seiner Freundin. Am Donnerstag poliert er sein Auto, zieht sein bestes Hemd an, bespritzt sich mit Rasierwasser, fährt dreißig Kilometer quer durch die Stadt, klopft an ihre Tür und sagt: "Hallo! Ich war gerade zufällig in der Nähe ..."

Verdammt noch mal, Bert, sag ihr doch die Wahrheit. Sage: "Ich habe eine ganze Woche lang auf diesen Augenblick gewartet. Die Zeit konnte gar nicht schnell genug vergehen. Ich konnte es kaum erwarten, dich zu sehen. Ich war so aufgeregt, ich sang den ganzen Weg über Liebeslieder." Sag ihr, daß du sie zwanzig Mal beinahe angerufen hättest, aber daß du Angst hattest, sie könnte dich für dumm halten.

Diese Art Ehrlichkeit braucht etwas Mut, gehört aber dazu, wenn man wirklich ein ganzer Mensch sein will. Sie zeigt uns, was in unserem Inneren vorgeht. Sie ist der Zündfunke für neue Beziehungen und belebt die alten.

Sie sagen: "Aber sollte ich nicht so tun, als sei ich nur schwer zu haben?" Nun, so kann man sich schon verhalten, wenn man aber Bande zu anderen Menschen knüpfen will, gibt es bessere Möglichkeiten – wie zum Beispiel, sich so zu geben, wie man ist, oder erfrischend offen sein.

Im Lied heißt es: "Menschen, die andere Menschen brauchen, sind die glücklichsten Menschen auf der Welt." Es hätte auch heißen können: "Menschen, die andere Menschen brauchen und so tun, als brauchten sie niemanden, sind die größten Verlierer auf der Welt."

"Aber ich will nicht, daß man mir wehtut ..."

Ist das nicht eine großartige Entschuldigung? "Ich will nicht, daß man mir wehtut. Ich will nicht zu viel Nähe, weil die anderen mich am Ende doch verlassen oder sterben, und dann bin ich völlig niedergeschmettert." Sicher sind Sie das, aber es ist doch viel besser, niedergeschmettert zu sein und dabei zu wissen: "Wir taten wirklich unser Bestes!"

Diejenigen, die wirklich leiden, sind diejenigen, die innerlich wissen, daß alles viel besser, näher, aufregender hätte sein können, als es wirklich war.

Anziehungskraft ausstrahlen

Ein Mann klagte seinem Kumpel: "Ich erlebe ein Unglück nach dem anderen und werde von den Menschen ein ums andere Mal hereingelegt! Warum nur?" Der Freund dachte einen Augenblick lang nach und erwiderte: "Nun, mir kommt es so vor, als seist du eben genau der Typ, dem solche miesen Sachen passieren!"

Kennen wir alle nicht Menschen, die von ihren Freunden immer im Stich gelassen werden? Und kennen wir nicht andere, die ständig von hilfsbereiten Freunden umgeben sind, und Menschen, die anscheinend immer mit Respekt behandelt werden?

Warum werden manche von uns gut und andere schlecht behandelt? Es scheint zwei Möglichkeiten zu geben. Entweder ...

a) ist das alles Glückssache, oder ...

b) wir verursachen, was uns geschieht, und wenn wir uns weiterhin gleich verhalten, erzielen wir weiterhin die gleichen Ergebnisse.

Mir fällt auf, daß manche Menschen mit so monotoner Regelmäßigkeit Erfolg haben (und andere versagen), daß da noch mehr am Werk sein muß als Glück. Schauen wir uns also die Möglichkeit b) näher an.

Wie kann ich denn die Ursache für das sein, was mir geschieht?

Vom Augenblick unserer Geburt an beginnen wir, uns eine Meinung darüber zu bilden, wie die Welt beschaffen ist. Da wir keine früheren Erfahrungen mit dem Leben haben, ziehen wir unsere ersten, wichtigsten Schlußfolgerungen aus unserem Geburtserlebnis und den folgenden Jahren, solange wir noch klein sind. Daraus folgern wir dann, "wie das Leben ist".

Psychologen stimmen darin überein, daß unsere Persönlichkeit im Alter von fünf Jahren zum großen Teil geformt ist. Bis dahin steht fest, was wir in bezug auf uns selbst und den Rest der Welt glauben, zum Beispiel: "Ich bin lieb", "Ich bin böse", "Ich mache anderen Schwierigkeiten", "Die Menschen lieben mich, wenn ich klug bin", "Ich bin süß", "Man kann Männern nicht trauen", "Ich bin lustig", "Die Menschen hauen dich nur übers Ohr"...

Manche dieser Dinge glauben wir bewußt, andere liegen tief in unserem Unterbewußtsein versteckt. Wenn diese Wahrheiten erst einmal geformt sind, beherrschen sie uns, und *wir verbringen unser ganzes Leben damit, zu beweisen, daß unsere Auffassung korrekt ist.* Manchmal schaffen wir es, unser ganzes Leben zu ruinieren, nur um zu beweisen, daß wir recht haben!

Machen wir uns den Umstand, daß wir unser Leben so führen, daß es unserem Glaubenssystem entspricht, an ein paar Beispielen deutlich.

Maria

Maria hat keine gute Meinung von sich. Sie erwartet, daß andere ihr schlechtes Selbstbild teilen und sie herumstoßen. Da kommt Fritz daher, der gut zu ihr ist. Das ist ein unangenehmes Gefühl für sie. Sie denkt: "Er ist ein bißchen zu freundlich – er muß etwas merkwürdig sein, sonst wäre er nicht so nett zu mir." Sie folgert: "Wenn er mich mag, stimmt irgend etwas mit ihm nicht. Es wird besser sein, ich werde ihn los." Sie gibt Fritz zu verstehen, daß er nicht willkommen sei, und er geht seiner Wege. Maria jammert: "Wo sind nur all die netten Menschen in meinem Leben?"

Ich bin knallhart

Jetzt betritt Eddy der Schreckliche die Bühne. Eddy ist ein brutaler Kerl. Er paßt genau in Marias Glaubenssystem, das besagt: "Die Männer stoßen dich nur herum." Daß er sie schikaniert, ist für sie das Zeichen, daß er in Ordnung ist. Sie fühlt sich wohl mit Eddy dem Schrecklichen. Und wenn sie nicht gestorben ist, dann lebt sie auch heute noch, ist unglücklich und kann allen ihren Freunden sagen: "Die Männer sind mies und ich kann es beweisen. Schaut euch nur Eddy an!"

Luise

Luise wächst in einer sanften, liebevollen Umgebung auf. Ihre Familie und deren Freunde sind fürsorglich und liebevoll. Sie hat ein positives Selbstbild.

Sie wählt sich liebevolle Freunde aus. Wenn sie groben und aggressiven Menschen begegnet, fühlt sie sich unwohl und sucht sich andere Gesellschaft. Wenn sie einem Mann begegnet, der sich wie ein Gorilla aufführt, sagt sie sich: "Der Typ hat Probleme. Ich verbringe meine Zeit lieber mit Menschen, die mich besser behandeln." Luise beweist sich ihr Leben lang ihren Glaubensgrundsatz, der besagt: "Ich finde immer nette Leute, mit denen ich mich anfreunden kann." Luise überläßt die Gorillas Leuten wie Maria.

Martin

Martin ist schon als kleiner Kerl sehr selbständig. Seine Eltern unterstützen ihn nur sehr wenig, und er lernt, alles alleine zu machen. Alle denken: "Martin ist so selbständig, er braucht keine Hilfe." Martin schaut sich um und denkt: "Niemand hilft mir; wenn ich will, daß etwas geschieht, muß ich es alleine tun."

Martin eröffnet ein Geschäft. Er stellt Leute ein, die ihm nicht helfen, denn er hält es für normal, daß "andere nutzlos sind". Wenn er zufällig einmal Leute anstellt, die hilfsbereit und motiviert sind, prallen die Persönlichkeiten aufeinander. Er findet sie zu aufdringlich, und sie haben das Gefühl, daß er immer alles "übernehmen" will. Die guten Angestellten gehen, und die nutzlosen bleiben. Martin der Märtyrer macht weiterhin die Arbeit für alle.

Jetzt kommt Mina, die Unfähige. Sie verliebt sich in den guten, alten Martin, der so fähig ist und so schwer arbeitet. Sie passen bestens zusammen: sie bewundert ihn; er tut alles für sie und nimmt es ihr übel. Wenn Sie Martin über das Menschengeschlecht befragen, sagt er Ihnen geradeheraus: "Die Menschen sind nutzlos. Ich muß es wissen – ich bin schließlich von nutzlosen Menschen umgeben."

Hans

Schauen wir uns Hans an, der ständig in Schwierigkeiten gerät. Hans war mein Nachbar, und vor einigen Jahren gingen wir zusammen in eine Kneipe. Wir waren ungefähr zwanzig Minuten lang in der Bar gewesen, als ich bemerkte, daß in einer Ecke eine Schlägerei ausgebrochen war. Da wurde einem Kerl fast die Puste abgedrückt, und es war kein anderer als Hans.

Ich ging hin und bat den Typen, der Hans an der Gurgel hielt, höflich, ihn loszulassen. Schließlich entsprach er meiner Bitte, und Hans und ich suchten eine andere Kneipe. Wir kamen ins zweite Nachtlokal, und ich ging zur Toilette. Als ich wieder in die Bar kam, sah ich eine Gruppe von Leuten, die um einen Billardtisch standen und jemanden verprügelten. Es war wieder Hans!

Ich schleppte ihn zum Auto, und dabei erzählte er mir von einem weiteren tollen Nachtlokal, das wir unbedingt besuchen sollten. Er erklärte mir die Streitereien. Er sagte: "Die Leute haben es auf dich abgesehen, deshalb mußt du zuerst zuschlagen."

Hans erwartet, daß andere aggressiv sind. Seine Perspektive ist so eingeschränkt, daß er nur streitsüchtige Menschen wahrnimmt. An seinem Arbeitsplatz haben die anderen es auf ihn abgesehen, und er geht in Nachtlokale, wo es Schlägereien gibt, und das paßt genau zu dem, was er glaubt. Es ist sehr schmerzhaft, aber auch Hans tut nichts anderes als zu beweisen, daß das, was er für wahr hält, stimmt.

Sie sagen: "Sollte Maria nicht lieber beweisen, daß ihr Glaubensgrundsatz nicht stimmt, damit sie bis an ihr Lebensende glücklich sein kann? Kann Hans nicht in Betracht ziehen, seine Meinung zu ändern, damit ihm die anderen nicht länger die Nase brechen? Würde Martin nicht besser seine Auffassungen ändern, damit ihm die Leute helfen können?" Sie könnten sich vielleicht schon ändern, aber unser Glaube ist etwas Kostbares. Jahrhundertelang litten und starben Millionen von Menschen für ihren Glauben. Viele von uns tun das heute noch.

Jeder von uns sagt: *"Ich weiß, daß ich recht habe!"*, aber wir stecken so tief in unserer Situation, daß wir nicht sehen, was los ist. *Rechthaben ist uns wichtiger als Glücklichsein.*

Wir alle müssen uns fragen: "Was *glaube* ich in bezug auf das Leben, auf Beziehungen, Menschen, und welchen Einfluß hat das auf meine bisherige Lebenserfahrung?"

Und was ist mit Situationen, die außerhalb unserer Kontrolle liegen?

Wir haben mehr Kontrolle über das Leben, als wir zugeben. Wir nehmen nicht nur bewußt Menschen in unser Leben auf oder schließen sie davon aus, sondern tun das *auch* unbewußt. Unser Geist ist wie ein Magnet, und je nach der Art unserer Gedanken ziehen wir bestimmte Menschen an und machen sie zu einem Teil unserer Welt.

Denken Sie darüber nach. Haben Sie je an einem Morgen an einen alten Freund gedacht und sind ihm dann nachmittags auf der Straße begegnet? Kam es je vor, daß Sie jemandem – einer ehemaligen Freundin zum Beispiel oder Ihrer Mutter – ausgesprochen ungern begegnet wären und dann unter den unwahrscheinlichsten und peinlichsten Umständen auf sie stießen? Liefen Sie je einem Lehrer, einem Arbeitgeber, einer zukünftigen Ehefrau über den Weg und dachten später bei sich: "Es war so unwahrscheinlich, ihm (ihr) zu begegnen, aber so passend. Ob das wohl Vorsehung war?" Lernten Sie je nach einer Zeit der Depression plötzlich wunderbare, ermutigende Freunde kennen und sagten sich: "Jetzt, wo ich für solche Menschen aufnahmebereit bin, sind sie tatsächlich da."

Unsere Gedanken ziehen Menschen zu uns her. Wenn Sie glauben, alle anderen wollten Sie nur beschimpfen, finden Sie Leute, die das tun, oder diese Menschen finden Sie ... auf der Straße, auf dem Parkplatz, am Telefon, im Flugzeug ... Wenn Sie die Menschen für nett und freundlich halten, werden sie in den meisten Fällen so erscheinen.

Menschen wie Maria wollen nicht nur lieber bei den Eddys dieser Welt bleiben, sondern sie haben auch einen inneren Radar, mit dem sie diese finden. Wenn es auf einer Party einen Eddy gibt, spürt Maria ihn auf. Luise findet ihrerseits passende Freunde. Martin findet seine und Hans weiß instinktiv, wo er hingehen muß, um eins auf die Nase zu kriegen.

Was soll das alles? Das ist doch nicht fair!

Das Leben ist eine Lernerfahrung, und eines der Fächer, die wir belegen müssen, heißt Beziehungen. Das Universum serviert uns die Lektionen, die wir zu lernen haben; wenn wir sie nicht meistern, dürfen wir die Klasse wiederholen. Manchmal wiederholen wir die Klasse mit demselben Menschen; manchmal präsentiert uns ein anderer Mensch dasselbe alte Problem.

Martins Lektion mag zum Beispiel darin bestehen, daß er lernen muß, sich auf andere zu verlassen. Wenn er das lernt, vielleicht indem er andere achten und mit ihnen umgehen lernt, kann er irgendwann einmal aufhören, sich abzurackern. Wenn er seine Ansichten und Glaubensgrundsätze nie ändert, verbringt er den Rest seines Lebens damit, Situationen zu schaffen, in denen er alleine alle Arbeit erledigt. (Und beweist, daß er recht hat).

Auch Maria und Hans haben die Wahl. Sie können in ihren jeweiligen Verhaltensmustern gefangen bleiben oder beschließen, ihre Einstellung und als Folge davon auch ihre Lebenserfahrung zu ändern.

Des Pudels Kern

Ein Glaubenssystem hält Sie zwar zurück, schafft jedoch gleichzeitig auch Gelegenheiten, daraus zu lernen. Wenn Ihnen der Durchbruch erst einmal geglückt ist, brauchen Sie nicht weiter an derselben Lektion zu arbeiten, und Ihr Leben ändert sich.

Den Schwarzen Peter nicht weitergeben

Menschen, die leicht Freundschaften schließen, verbringen ihre Zeit nicht damit, anderen Leuten die Schuld zuzuschieben.

Wenn ich Sie zum Essen ausführe und dann den ganzen Abend lang die Schuld für meinen depressiven Lebensstil auf meiner Familie, meinem Chef, der Nachbarschaft und Ihnen selbst ablade, dann warten Sie bestimmt nicht mit angehaltenem Atem auf meine nächste Einladung, oder etwa doch?

Wenn Sie Zeit mit mir verbringen, hoffen Sie, daß meine Gesellschaft Ihr Leben bereichert und vergnüglicher macht, daß Sie sich in meiner Gesellschaft wohlfühlen.

Das ist der wichtigste Grund, aus dem man es vermeiden sollte, dauernd etwas an der Welt auszusetzen: Ihre Freunde haben das bald satt. Der andere Grund, aus dem wir die Verantwortung für unser Leben in die Hand nehmen sollten, ist ebenfalls vernünftig: Solange wir die Schuld auf andere abschieben, kommt unser Leben nie in Ordnung.

Im Alter von drei Jahren ist es nützlich, die Schuld auf andere abzuwälzen. Wenn Sie Ihren Bruder für das zerbrochene Schlafzimmerfenster verantwortlich machen können, dann wird das sein Problem, und Sie ersparen sich eine Tracht Prügel.

Das Problem ist, daß es sich später im Leben nicht mehr um Strafe handelt, sondern um Lernen. Jedesmal, wenn Sie die Schuld auf andere abwälzen, lernen Sie nichts, und die Dinge ändern sich nicht.

Hören Sie Paaren zu, die kurz vor der Scheidung stehen, interviewen Sie erfolglose Geschäftsleute, sprechen Sie mit Studenten, die durch die Prüfung fielen, und Sie hören Sprüche wie:

"Es ist nicht meine Schuld."

"Ich kann nichts dafür."

"Der Lehrer hat Schuld."

"Das hättest du mir sagen sollen. Du bist schuld."

"Niemand versteht mich."

"Die Regierung ist schuld. Sie sollte etwas unternehmen."

"Sie haben mich im Stich gelassen."

"Niemand kümmert sich um mich."

"Meine Mutter ist schuld."

So sprechen Verlierer, und der gemeinsame Nenner dabei lautet: "Diese Situation ist nicht meine Schuld, also unternehme ich auch nichts, um sie zu bessern." Leider lösen sich Probleme nie, wenn wir anderen die Schuld dafür zuschreiben; wer andere beschuldigt, bleibt weiter frustriert und elend.

Glückliche Menschen nehmen die Verantwortung auf sich

Wenn Sie sich glückliche Freundschaften wünschen, müssen Sie die Verantwortung dafür übernehmen. Auch wenn Sie den schlechten Start, den Sie im Leben hatten, für die Schuld Ihrer Eltern halten, beschließen Sie, daß es dennoch an Ihnen liegt, jetzt etwas dagegen zu unternehmen. Wenn Sie eine Reihe miserabler Lehrer hatten und weder zählen noch schreiben können, übernehmen Sie dafür die Verantwortung. Wenn Sie mit Leuten zusammenarbeiten, die Sie zum Wahnsinn treiben, liegt es an Ihnen, trotzdem froh zu bleiben. Wenn *Sie* Ihr Leben nicht in Ordnung bringen, wer soll es dann tun?

Andere für etwas verantwortlich zu machen ist eine Falle, in die man leicht gerät. In Schlagern ist das ständig so: "... Du hast mein Herz gebrochen ...", "... Du bringst mich zum Weinen ...", "... Du hast mich verlassen, und ich bin einsam ...", "... Du hast mein Leben ruiniert, und wenn du nicht zurückkommst, erschieße ich mich ..."

Niemand kann Sie ohne Ihre Zustimmung unglücklich machen. Ganz gleich was einer sagt oder tut, Sie bestimmen, wie Sie darauf reagieren. Wenn Ihr Chef Sie entläßt oder Ihr Schwager sagt, Sie seien zu dick, haben sie Sie nicht unglücklich gemacht. Sie haben Ihnen lediglich die Wahl gegeben, wie Sie darauf reagieren.

Die Schuld nicht bei anderen suchen heißt auch, Verantwortung für unser Handeln übernehmen. Wie oft geben wir vor, unschuldig zu sein? Wir benutzen Formeln wie: "Dieses Gefühl überkam mich", "Ich fiel in eine Depression", "Ich konnte einfach nichts machen". In Wirklichkeit stimmt es jedoch nicht, daß wir nichts machen *konnten;* die Wahrheit ist, daß wir einfach nichts *taten.*

Wenn wir ehrlich mit uns sind, treffen wir laufend eine Wahl: wo wir uns aufhalten, mit wem wir umgehen, was wir sagen, wie wir reagieren. Wir suchen uns alles in unserem Leben aus: unsere Bekannten, unsere Arbeit, unsere Ehepartner, unsere Gedanken.

Je eher wir *zugeben, daß wir laufend eine Auswahl treffen* und daß es an uns liegt, desto schneller leben wir in vollen Zügen.

Ich kenne einen Universitätsprofessor, der sich als hoch intelligent betrachtet. Er arbeitet siebzig Stunden pro Woche und haßt dabei jede einzelne Minute. Er sagte mir: "Ich hasse meine Arbeit, und ich bin in der Tretmühle gefangen, aber was kann ich tun?"

Was er tun kann? *Er kann etwas dagegen unternehmen! Etwas anderes tun!* Er hat nur *ein* Leben. Er ist fünfzig Jahre alt, er ist ein führender Akademiker, hat aber noch nicht herausgefunden, wie er seine Zeit mit etwas verbringen kann, das ihm Spaß macht. Wie intelligent ist das? Er gibt vor, in dieser Angelegenheit keine Wahl zu haben, und weigert sich so, seine Einstellung zu ändern oder seine Arbeit zu wechseln.

Sie bestimmen, wie Sie sich fühlen

Ein Aspekt des wirkungsvollen Umgangs mit anderen Menschen besteht darin, sich nicht von anderen nach unten ziehen zu lassen. Elend kann ansteckend sein. Manchmal bestehen die Leute sogar darauf, daß Sie deprimiert sein sollten.

Vor kurzem wurde in mein Haus eingebrochen. Die Einbrecher nahmen ein Videogerät, zweihundert Dollar in bar, eine Dose voller Kleingeld und einen alten Koffer mit.

Nach der ersten, bestürzenden Erkenntnis, daß bei uns eingebrochen worden war, beschloß ich, mir nicht von einem miesen, kleinen Dieb den Tag verderben zu lassen. Die Erfahrung war ärgerlich, aber auch erleuchtend. Bei näherer Betrachtung war ich sogar erleichtert, den Koffer los zu sein.

Raten Sie einmal, was das größte Problem war! Die anderen Leute fanden, ich müsse deprimiert sein. Als mein Freund Jim davon erfuhr, bestand er recht hartnäckig darauf, daß ich verstört sein müsse.

Jim dachte, er müsse mich bedauern, und ich zögerte, jemanden abzuweisen, der hilfsbereit sein wollte. Ich sagte: "Jim, du hast doch gehört, daß bei uns eingebrochen wurde, und ich nehme an, du kennst alle Fakten. Du weißt auch, daß ich Unannehmlichkeiten gerne so schnell wie möglich hinter mir lasse; ich danke dir für deine Anteilnahme, aber laß mich dir etwas Interessanteres erzählen ..." (Jim tat mir den Gefallen, es allen seinen Freunden zu erzählen, und bald kamen noch mehr Leute mit langen Gesichtern auf mich zu: "Ich habe gehört, bei Ihnen wurde eingebrochen. Sie müssen sich schrecklich fühlen.")

Die anderen meinen es oft gut, tragen aber dazu bei, daß wir uns schlechter fühlen. Es ist unsere Sache zu entscheiden, wie wir uns fühlen. Ist es Ihnen je vorgekommen, daß Sie bei der Arbeit, beim Spiel oder beim Unterrichten waren, und jemand kam auf Sie zu und sagte: "Sie müssen aber müde sein!" Bis man Sie daran erinnerte, hatten Sie an Müdigkeit überhaupt nicht gedacht.

Mit den Aufforderungen, enttäuscht zu sein, ist es ähnlich. Wir müssen uns davor hüten, ihnen Folge zu leisten. Ihr Bruder vergißt Ihren Geburtstag, und jemand sagt: "Das muß dich verletzt haben." Sie bestimmen, wie Sie sich fühlen. Vielleicht haben Sie beschlossen, daß er jeden einzelnen Ihrer Geburtstage vergessen kann, ohne daß es Ihnen das geringste ausmacht.

Lassen Sie die Menschen wissen, was Sie wollen

Ein weiterer Aspekt zum Thema "Schuld abladen / Verantwortung übernehmen" besteht darin, den Menschen zu sagen, was man will.

Bruno geht mit Waltraut zum Tanzen. Kurz vor Mitternacht sagt Waltraut plötzlich zu Bruno: "Ich wollte überhaupt nicht tanzen gehen. Ich wollte ins Kino."

Bruno: "Aber du sagtest doch: Laß uns tanzen gehen!"

Waltraut: "Nur weil ich dachte, *du* wolltest gerne tanzen gehen. *Ich* hätte lieber einen Film gesehen."

Bruno: "Das Kino hast du gar nicht erwähnt."

Waltraut: "Das hat nichts damit zu tun."

Bruno: "Warum hast du mir denn nicht gesagt, daß du lieber ins Kino willst?"

Waltraut: "Du hättest eben fragen sollen."

Es ist unsere Aufgabe, uns klar mitzuteilen: "Das möchte ich gern." Wir sollten die Schuld nicht auf andere schieben, wenn wir keinen Spaß haben.

In gesunden Beziehungen drücken die Partner ihre Wünsche und Bedürfnisse aus: "Ich möchte dies, ich möchte gerne so berührt werden, bitte hilf mir hierbei, ich möchte, daß du mir aufmerksam zuhörst ..."

Und außerdem sind uns die Menschen am liebsten, die uns nicht für andere Dinge verantwortlich machen. Das ist noch ein Grund, weshalb es keine gute Idee ist, anderen die Schuld in die Schuhe zu schieben: Unsere Freunde hassen es!

Das "Die-Welt-ist-mir-meinen-Unterhalt-schuldig"-Syndrom

Eine Konsequenz des Schuldabwälzens en gros ist das "Die-Welt-schuldet-mir-meinen-Unterhalt"-Syndrom. Es manifestiert sich in Aussagen wie: "Warum wissen die Leute mich nicht zu schätzen? Warum entdeckt denn keiner mein Talent? Das Leben sollte nicht so hart sein – jemand sollte etwas dagegen unternehmen."

Am besten ist es, sich darüber klar zu werden, daß die Welt uns überhaupt nichts schuldet. Das Leben ist wie ein großer Supermarkt, und Sie sind eins der fünf Milliarden Produkte in diesem Geschäft. Es ist Ihre Aufgabe, anderen Menschen gegenüber einen Wert darzustellen. Wert im Sinne von guter Gesellschaft oder Nützlichkeit. Wenn Sie etwas wert sind, herrscht bei Freunden und Arbeitgebern eine Nachfrage nach Ihnen. Wenn Sie einen "Ladenhüter", eine "Verbindlichkeit", eine Belastung darstellen, bleiben Sie im Regal liegen.

Da ich Künstler bin, begegne ich zahlreichen Künstlern, die sich abstrampeln und allen anderen (nur nicht sich selbst) die Schuld für ihre Schwierigkeiten zuschieben. Sie sagen: "Was ist los mit der Öffentlichkeit? Haben die Leute keinen Sinn für Kunst?" oder "Ich bin ein Künstler! Ich bin kreativ. Die Gesellschaft sollte mich unterstützen!"

Unsinn! Weshalb sollte die Gesellschaft Sie unterstützen, wenn sie Ihre Bilder abscheulich findet? Es ist ein Privileg, auf diesem Planeten zu leben. Wenn wir die guten Dinge im Leben genießen wollen, liegt es an uns, für andere einen Wert darzustellen.

Anderen die Schuld geben ist im allgemeinen nur eine Entschuldigung dafür, nichts zu tun, und Inaktivität hat noch nie jemandem geholfen.

Es macht keinen Unterschied, wie lang die Liste mit Ihren Anklagen ist – ob Ihre Kinder, Ihre Ausbildung, Ihre Eltern, die bösen Nachbarn, die Regierung, das Wetter dazugehören –, wenn es Ihnen schlecht geht, ist das alles kein Trost. *Gründe und Ausreden sind nie ein Trost. Am Ende des Tages kommt es allein darauf an, ob Sie das erreicht haben, was Sie erreichen wollten.*

Des Pudels Kern

Glückliche und erfolgreiche Menschen haben *trotz* ihrer Schwierigkeiten Erfolg und nicht, weil sie keine Schwierigkeiten hätten. Während diejenigen, die gerne die Schuld abwälzen, sich auf das Problem konzentrieren, konzentrieren Sie sich auf die Lösung. Fragen Sie sich: a) "Was will ich?" und b) "Was unternehme ich dafür?"

Von Zeit zu Zeit sagen Ihnen die Menschen: "Sie sollten aufgebracht sein. Die Zeiten sind schwer. Das Leben ist ein Hammer. Arbeiten ist ein Ärgernis." Sagen Sie sich im stillen: "Das ist deren Realität, und ich respektiere das, und vielleicht will ich mich sogar mit ihnen darüber unterhalten – aber ich weigere mich, diese Haltung ebenfalls anzunehmen. *Ich suche mir aus, wie ich mich fühle.*"

Ehrlichkeit zahlt sich aus

Maria hat ein Problem. Sie sagt zu ihrer Freundin: "Harald will mit mir ausgehen. Er ist ein wirklich netter Mensch, aber wir haben nichts gemeinsam. Ich will nicht mit ihm ausgehen. Was sage ich ihm nur?" Maria und ihre Freundin zerbrechen sich den Kopf darüber, was sie ihm sagen soll.

Es ist wirklich nicht sehr kompliziert, Maria. Du sagst ihm: "Harald, du bist wirklich ein netter Kerl, aber wir haben nichts gemeinsam. Ich möchte nicht mit dir ausgehen." Ist das nicht einfach? Warum sich das Leben erschweren?

Eine weitere Alternative: "Harald, ich habe mir wirklich den Kopf darüber zerbrochen, was ich dir sagen soll. Ich habe sogar meine Freundin gefragt, wie ich dir das sagen soll – ich halte dich nämlich für einen netten Kerl, aber ich will nicht mit dir ausgehen."

Ehrlichkeit vereinfacht die Dinge. Es ist nicht so, daß die Menschheit Sie mehr liebt, wenn Sie keine Lügen erzählen, aber Ehrlichkeit und Takt sind die einfachste Lösung.

Nehmen wir an, Ihr Chef bat Sie, einige wichtige Briefe aufzugeben. Sie warfen diese statt dessen aus Versehen in den Abfall. Sie könnten sich jetzt große Mühe geben, Geschichten und Entschuldigungen zu erfinden, aber dadurch wird das Leben so kompliziert. Ist es nicht leichter, einfach zu sagen: "Chef, ich habe mich wie ein kompletter Idiot benommen. Es fällt mir nicht leicht, Ihnen das zu sagen, aber Ihre Angebote liegen jetzt auf dem Schuttplatz!"

Wenn Sie ehrlich sind, ...

... bewundern und schätzen die Menschen Sie,

... vertrauen sie Ihnen,

... wissen die anderen, wo Sie stehen,

... erreichen Sie mehr von dem, was Sie sich wünschen.

Wissen Sie es nicht selbst zu schätzen, wenn die Menschen offen mit Ihnen sind?

Vor kurzem besuchte mich ein Bekannter. Er blieb ein paar Stunden und stellte mir Fragen wie: "Was tun Sie? Sind Sie beschäftigt? Wie läuft das Geschäft?" Ich dachte, er sei gekommen, mich zu besuchen. Tage später fand ich heraus, daß er seine Stelle verloren hatte und Arbeit suchte. Hätte er gesagt: "Ich habe meine Stelle verloren und suche neue Arbeit", hätte ich ihm helfen können. Ist das nicht merkwürdig? Dieser Mann sagte mir noch nicht einmal, daß er Arbeit suchte. Und dabei konnte er seine Miete nicht bezahlen.

Wenn Sie etwas wollen, sagen Sie es. "Ich brauche Hilfe. Ich will mir hundert Mark leihen. Ich möchte, daß du mich nicht länger belästigst." Wenn Sie mit jemandem ausgehen wollen, sagen Sie es ihr. Sagen Sie: "Sie sind die faszinierendste Frau auf dieser ganzen Party. Ich würde gerne mit Ihnen ausgehen. Was meinen Sie dazu?"

Kinder bekommen, was sie wollen, weil sie danach fragen. Das macht einen Teil ihres Charmes aus. Wenn wir so ehrlich sind wie Kinder, finden die Menschen uns auch charmanter.

Wenn Sie etwas nicht wissen, sollten Sie ebenfalls ehrlich sein. Es ist zum Verzweifeln, wenn man Lehrer, Kollegen, Eltern und andere "Experten" hört, die vorgeben, alles zu wissen. Die Menschen respektieren diejenigen, die "Ich weiß es nicht" sagen können.

Des Pudels Kern

Seien Sie taktvoll und sagen Sie es, wie es ist. Ehrlichkeit anderen gegenüber ist ein Zeichen von Respekt und ein Zeichen der Selbstachtung, und sie ist so viel einfacher!

Ärger ausdrücken

Es ist ganz natürlich, sich von Zeit zu Zeit zu ärgern. Leider wird den meisten von uns beigebracht, daß es nicht in Ordnung sei, wütend zu werden. Eltern und Lehrer können nicht damit umgehen, es ist ihnen peinlich, und sie fühlen sich verlegen, wenn jemand brüllt und schreit.

Den meisten von uns wird deshalb beigebracht: "Werde nie wütend, zeige dein Mißvergnügen nicht." Wenn wir erwachsen sind, haben die meisten von uns gelernt, daß es nicht in Ordnung sei, auf andere wütend zu werden; dafür bestrafen wir uns dann selbst.

Beispiel: Sie und ich verbringen einen Abend zusammen. Sie reden unaufhörlich, und ich komme überhaupt nicht zu Wort. Ich bin wütend und frustriert, weil Sie Ihren Mund nicht einmal eine einzige Minute lang schließen.

Sage ich zu Ihnen: "Ich bin wütend, weil ..."? Nein! Das wäre doch nicht nett. Also betrinke ich mich statt dessen und ärgere mich dann noch eine ganze Woche lang über Ihr Benehmen.

Beispiel: Sie versprachen, mich um fünf Uhr von der Arbeit abzuholen. Sie kommen um halb acht. Ich bin wirklich aufgebracht, weil Sie meine Zeit nicht respektieren. Aber sage ich Ihnen vielleicht: "Ich bin ärgerlich, weil ..."? Wahrscheinlich nicht. Das wäre doch nicht nett. So verbringe ich den Abend damit, Sie, Ihre Kleidung, Ihre Arbeit und Ihre Freunde zu kritisieren, und verderbe uns beiden den Abend.

Beispiel: Sie scheinen kein Interesse an dem zu haben, was ich tue. Jedesmal, wenn ich über meine Hobbys oder Pläne spreche, wechseln Sie das Thema. Ich weiß, daß nette Menschen nicht wütend werden, also werde ich statt dessen depressiv, vielleicht eine Woche lang, vielleicht ein oder zwei Jahre lang.

Mit meiner Depression stellen sich Kopfschmerzen, Magenschmerzen, Lustlosigkeit und so weiter ein. Jetzt bin ich krank, aber wenigstens wurde ich nicht böse!

Beispiel: Ich rege mich über viele Dinge und Menschen in meinem Leben auf. Aber ich will nicht wütend werden, sonst mögen sie mich nicht mehr. Deshalb esse ich. Ich kann mich nicht ausdrücken, also bestrafe ich mich.

Diese Beispiele stellen, obwohl ich sie vereinfacht habe, doch vertraute Verhaltensmuster dar. Es mag schwer sein, seine Wut zu zeigen, und es mag andere Menschen vorübergehend bestürzen, aber wenn wir unseren Ärger zeigen, haben wir die Chance, das Problem in Ordnung zu bringen. Unser Mißvergnügen unterdrücken führt nur zu weiteren Problemen.

Wie also soll ich meinen Ärger zeigen?

Seien Sie sich darüber im klaren, daß es anderen oft nicht gefällt, Sie aber im besten Interesse aller handeln. Außerdem:

- Übernehmen Sie die Verantwortung dafür, wie Sie sich fühlen. Sagen Sie: "Ich bin ärgerlich, weil ..." und nicht "Du bist ein Betrüger ..."
- Wenn nötig, warten Sie ein paar Minuten (oder Stunden), um sich zu beruhigen, damit Sie beim Sprechen einen kühlen Kopf bewahren können.
- Gehen Sie, wo möglich, sehr positiv mit dem anderen Menschen um. Zum Beispiel: "Ich weiß es wirklich zu schätzen, daß du mich von der Arbeit abholst, und ich weiß, es war ein Umweg ... Wenn du zwei Stunden zu spät kommst, bin ich ärgerlich ... Ich kritisiere dich nicht. Ich möchte dir nur mitteilen, wie ich mich fühle."

Bevor wir das Thema "Ärger, seine Verdrängung und sein Ausdruck" abschließen und zum nächsten Thema übergehen, möchte ich Ihrer Aufmerksamkeit noch zwei weitere Aspekte empfehlen; einen davon habe ich weiter oben bereits kurz angesprochen.

Erstens ist es vorzuziehen, einen klaren Kopf zu behalten, auch wenn man sich ärgert; und damit empfehle ich ein beträchtliches Maß an Selbstkontrolle. Anders gesagt: Sind Sie ärgerlich, vielleicht richtig wütend, aber:

Behalten Sie die vollständige Kontrolle über Ihre Gefühle.

Es ist ein kluger Schachzug, sich eine Zeitlang von der betreffenden Stelle zu entfernen, um sich abzureagieren. Ein Spaziergang um die Ecke oder in einen nahegelegenen Park mag genügen. Wo immer Sie auch hingehen, halten Sie sich die Verpflichtung sich selbst gegenüber vor Augen. Sie verdrücken sich nicht. Sie ziehen sich zurück, um den Überblick zu gewinnen.

Zu diesem Zeitpunkt ist es auch wichtig, sich an die Tatsache zu erinnern, daß Sie nicht eine geschlagene Militäreinheit sind, die sich ausruht und erholt, bevor sie sich kopfüber wieder ins Getümmel stürzt. Statt dessen suchen Sie nach einer Lösung des Konflikts, nicht nach einem Sieg.

Es ist vernünftig, Ärger auszudrücken. Aber nur, wenn Sie dabei rational bleiben.

Der zweite Punkt, den ich Ihrer Beachtung beim Ausdrücken von Ärger nahelegen möchte, besteht darin, daß es wichtig ist, sich an den unmittelbaren Auslöser der gegenwärtigen Verärgerung zu halten.

Denken Sie wieder daran, daß Sie eine Lösung anstreben, nicht einen Sieg. Berufen Sie sich nicht auf Ereignisse aus der Vergangenheit, die schon lange zuvor ausgetragen und erledigt wurden.

Achten Sie darauf, daß Sie *andere* Menschen oder Umstände *nicht* mit einbeziehen, ganz gleich wie mitbeteiligt sie im Augenblick auch *erscheinen* mögen. Solche Taktiken sind immer ein billiger Versuch, Treffer zu landen. Sie verschlimmern das Problem zwangsläufig, erschweren das Auffinden einer Lösung und belasten die Beziehung noch weiter.

Des Pudels Kern

Wenn Sie ärgerlich werden, gefällt das den Menschen vielleicht nicht besonders, doch kommen sie im allgemeinen schnell darüber hinweg, und danach verstehen Sie einander besser. Wenn Sie nicht ärgerlich werden und sich statt dessen selbst bestrafen, bleibt das Problem bestehen, und der Schaden ist weitaus schlimmer.

Kapitel 3

Sich das Leben einfacher machen

Unsere Erwartungen

Für sich einstehen

Die anderen sollen denken, was sie wollen

Aufhören, sich zu rechtfertigen

Wenn Sie nein sagen wollen

"Was die anderen von Ihnen denken, geht Sie nichts an."

Unsere Erwartungen

Sie sind dafür verantwortlich, wie die Welt Sie behandelt.

Wenn Ihnen nicht gefällt, was Sie bekommen, ändern Sie Ihr Verhalten; es ist *Ihre* Aufgabe, die Menschen wissen zu lassen, wie Sie behandelt werden wollen. Wir schieben die Schuld zu oft auf andere. Wenn eine Partnerschaft nicht funktioniert, eine Beziehung versagt, sind Sie mitverantwortlich. Wenn jemand Sie völlig überrumpelt, ist das zur Hälfte Ihr Fehler.

Betrachten wir zum Beispiel Helene, die von ihrem Mann schikaniert wird. Sie jammert: "Für meinen Mann Kurt bin ich nichts als ein Schuhabstreifer. Ich führe nur Befehle aus. Er hilft mir nie im Haus, wir gehen nur dort hin, wo er hingehen will, Kurt gibt mir nie Geld für mich selbst. Er behandelt mich wie Dreck und würdigt nie etwas von dem, was ich tue." Helene hat einen Märtyrerkomplex im Stile von: "Womit habe ich das nur verdient?"

Also fragen Sie Helene: "Warum bietest du dem brutalen Kerl nicht die Stirn?" Helene sagt: "Als ich das einmal tat, verlor er die Beherrschung und zertrümmerte die Badezimmertür. Da erkannte ich, daß es den Aufwand nicht lohnt. Ich mache eben einfach, was er will."

Helene erkennt vielleicht nicht oder gibt nicht zu, daß sie Kurt eintrainiert hat. Sie können jede Wette eingehen, daß er nicht alle tyrannisiert; nur diejenigen, die es zulassen. Bis jetzt hat Helene den einfachsten Weg gewählt: Sie übernimmt keine Verantwortung, ist schwach und sonnt sich in der Sympathie ihrer Freunde, während alle Schuld auf Kurt, den Barbaren, abgeschoben wird. Sollte Helene die Art, in der sie ihren Mann behandelt, einmal ändern, würde Kurt schnell stubenrein!

Was sollte Helene tun? Zunächst einmal kann sie sich etwas Selbstachtung angewöhnen. Andere respektieren uns in dem Maß, in dem wir uns selbst achten. Wenn Kurt spürt, daß Helene erwartet, ordentlich behandelt zu werden, wird er bald eine andere Melodie pfeifen. Menschen, die sich schikanieren lassen, strahlen eine Haltung aus, die besagt: "Ich könnte wetten, daß du mir einen Tritt versetzt, und lasse das auch zu, aber dann gebe ich dir die Schuld dafür."

Helene hat viele Möglichkeiten. Sie kann sagen: "Kurt, wenn du die Badezimmertür noch einmal zertrümmerst, ziehe ich einen Monat lang aus." Sie muß dann auch bereit sein, das zu tun. Sie kann ihm ganz ruhig vermitteln, daß sie von jetzt an als menschliches Wesen behandelt werden möchte. Sie mag beschließen, daß sie nicht länger mit einem Gorilla zusammenleben will, und ihn verlassen.

Zu einer Beziehung gehören zwei. Beide Parteien sind verantwortlich, und beide Parteien ziehen gewisse Vorteile aus ihrer jeweiligen Rolle. Helene hat den Vorteil, daß sie keine Verantwortung zu übernehmen braucht, schwierige Entscheidungen vermeidet und Kurt die Schuld für alles geben kann. Kurt hat eine Sklavin, bekommt, was er will, und kann alle Schuld auf seine Frau schieben.

Zu einer Beziehung gehören zwei, und es bedarf zweier Menschen, um eine Beziehung zum Scheitern zu bringen. Trotzdem ist es irgendwie viel leichter, die Probleme eines anderen Paares objektiv zu sehen, als unsere eigenen! Ein mir bekanntes Paar steht kurz vor der Scheidung. Sie bleibt zu Hause, weil sie das möchte. Sie liest Romane und schläft. Sie kocht nicht und räumt auch nie auf. Er ist der Meinung, das Essen habe auf dem Tisch zu stehen, wenn er von der Fabrik nach Hause kommt. Das Essen steht aber nie auf dem Tisch, also brüllt und tobt er und reißt das halbe Haus ein. Er findet, er lebe mit einer nichtsnutzigen, faulen Schlampe zusammen, und die Schuld liege ganz allein bei ihr. Sie

denkt, sie sei an einen Irren geraten, und der Fehler liege ganz allein bei ihm. Ich nehme an, die Lektion, die wir hier zu lernen haben, heißt, daß der Fehler nie ganz allein beim anderen liegt, auch wenn wir ihn ausschließlich dort suchen.

Es gibt in jeder Straße Familien, in denen die Kinder das Sagen haben. Sie kommandieren die Eltern herum: "Papa! Hol mir meine Socken. Mama, bring mir ein Stück Kuchen. Bügle mein Hemd. Fahr mich sofort zum Fußball."

Die Eltern fragen sich: "Womit haben wir das nur verdient?" Antwort: Sie rannten fünfzehn Jahre lang hinter ihren Kindern her. Sie lehrten die Kinder, wie sie zu behandeln seien – wie Sklaven!

Man muß seine Kinder *erziehen.* Wenn ein Achtjähriger mit einem Computer umgehen kann, kann er auch die Geschirrspülmaschine bedienen. Wenn er geschickt genug ist, um Skateboard zu fahren, kann er auch ein Hemd bügeln.

Bringen Sie Ihren Kindern bei, daß Sie keine Diener sind, und vermitteln Sie ihnen das Gefühl, selbst einen Beitrag zu leisten.

Haben Sie je eine Mutter sagen hören: "In meiner Familie bedankt sich nie jemand"? Wie ist das möglich? Es passiert, wenn die Mutter nicht für sich einsteht und ihren Kindern nicht beibringt, wie sie behandelt werden will. Sie jammert: "Meine sechs Kinder sind erwachsen und verheiratet. Sie haben sich nicht ein einziges Mal für irgend etwas bedankt."

Und wenn sie nun vor Jahren zu ihren Kleinen gesagt hätte: "In unserer Familie ist Dank ein Zeichen von Respekt und Wertschätzung. Wenn ich euch ein Essen koche, dann erwarte ich, daß ihr euch bedankt. Wenn ihr vergeßt, euch für das Essen am Donnerstag zu bedanken, kocht ihr am Freitag. Wenn ihr euch nicht dafür bedankt, daß ich euch zum Fußball fahre, geht ihr das nächste Mal zu Fuß." Vorausgesetzt, sie steht zu ihrem Wort, würden ihre Kinder nicht ganz schnell Manieren lernen?

Vom Umgang mit Menschen, die sich aufdrängen

Ist es Ihnen je passiert, daß Leute zu Ihnen auf Besuch kamen, die nicht wußten, wann es Zeit zum Gehen war? Sie blieben womöglich bis vier Uhr früh – oder vielleicht sogar bis Weihnachten. Wir müssen mit solchen Menschen umgehen lernen, ohne daß uns das belastet; es darf uns nicht schwerfallen zu sagen: "Heute paßt es mir nicht ..."

Andere machen es sich vielleicht auch zur Gewohnheit, unsere Zeit in Beschlag zu nehmen. Wenn Sie ihnen Ihre Zeit zur Verfügung stellen wollen, ist das in Ordnung. Vermeiden Sie aber Situationen, in denen Sie anderen Zeit widmen, viel lächeln und es ihnen dann eine Woche lang nachtragen. Wir sollten Selbstaufopferung nicht mit Höflichkeit verwechseln.

Manchen Menschen macht es Spaß, Sie mit Geschichten, die Sie schon ein Dutzend Mal gehört haben, zu Tode zu langweilen. Sie erweisen Ihnen keine Gnade, solange Sie das Gespräch nicht in andere Bahnen lenken oder zumindest eine gekürzte Fassung ihrer Dramen verlangen. Seien Sie dabei höflich und freundlich; wenn Nachbar Frank aber wieder die dreistündige Legende seiner Prostataoperation aus dem Jahr 1962 beginnt, wollen Sie ihn vielleicht unterbrechen.

Achten Sie Ihre eigene Zeit. Es braucht Ihnen nicht unangenehm zu sein, in aller Höflichkeit ihr Anliegen vorzutragen: "Frank, ich weiß es zu schätzen, daß du dir die Zeit nimmst, mir deine Geschichte zu erzählen. Es überrascht dich vielleicht zu erfahren, daß du mir diese Geschichte schon einmal erzählt hast." Oder: "Ich habe jetzt gerade nicht viel Zeit. Kannst du mir nur die wesentlichen Punkte erzählen?"

So ist es auch mit den Nörglern und den Weinerlichen, Sie brauchen sich deren endlosen Klagen nicht zu unterwerfen. Stehen Sie für sich ein. Sie können vielleicht etwas in der Art sagen: "Ich glaube, deine gegenwärtige Einstellung hilft keinem von uns beiden. Wir wollen nach einer konstruktiven Möglichkeit suchen, mit der wir gegen das Problem angehen können."

Manche Menschen haben Spaß daran, Ihnen Schuldgefühle zu vermitteln: "Nur deinetwegen ... Du läßt mich im Stich ... Nach allem, was ich für dich getan habe ..." Lassen Sie sich das nicht anhängen. Schuld ist destruktiv. Machen Sie die entsprechende Person auf dieses Vorgehen aufmerksam und fragen Sie sie direkt: "Du versuchst mir doch keine Schuldgefühle aufzuhalsen, oder etwa doch?" Im allgemeinen merken sie es dann und hören auf damit.

Des Pudels Kern

Wenn andere Sie nicht respektieren,
Ihre Zeit für sich beanspruchen
oder Sie einfach überrumpeln,
fragen Sie sich: "Was tue ich,
das diese Menschen veranlaßt,
mich so zu behandeln?"
Wenn Sie wollen, daß andere
sich ändern, müssen *Sie*
sich ändern.

Für sich einstehen

Wenn Sie sich von den Menschen, die Sie lieben, schikanieren lassen, endet das damit, daß Sie ihnen grollen.

Wo liegt die Grenze zwischen Selbstbehauptung und Aggression? Wann stehen wir nur für unsere Rechte ein, und wann sind wir offensiv?

Die Trennlinie mag fein sein, aber eines ist sicher: Sie haben sich selbst und ihren Lieben gegenüber die Pflicht, für sich einzustehen. Wenn wir unsere Probleme verinnerlichen und "Opfer" spielen, schaffen wir uns enorme Schwierigkeiten.

Selbstbehauptung ist keine Frage der Moral. Ist gewöhnlich noch nicht einmal eine Frage von "Rechten". Es handelt sich nur darum, daß Sie als lebenstüchtiger Mensch für das einstehen, was Sie wollen.

Die Menschen sprechen oft über ihre "Rechte". Hans sagt: "Es ist mein Recht, fair behandelt, gut bedient, respektiert zu werden!" Es ist aber keine Frage des Rechtes. Die Frage lautet, was Sie zu tun bereit sind, um die gewünschte Behandlung zu erfahren.

Die Naturgesetze scheinen sich nicht besonders um einzelne Rechte zu kümmern. Sie verfügen nicht, wieviel der Klempner für das Auswechseln der Dichtung im Badezimmer verlangen soll. Sie nehmen auch keinen Einfluß auf das Verhalten des Bankkassierers, der Sie unhöflich behandelt. Und sie pflegen auch die Entscheidung Ihres Chefs in bezug auf Ihre Gehaltserhöhung nicht auf die eine oder andere Weise beeinflussen.

Für Sie als erfolgreichen Menschen besteht die Aufgabe darin, einfach zu beschließen, was für Sie richtig ist – und dann dafür einzustehen. Wenn Sie den Kellner rügen wollen, weil er seine Brille in Ihre Suppe fallen ließ, – in Ordnung. Wenn Sie deswegen nicht noch mehr "Wellen" machen wollen, ist das auch gut.

Es sind im Himmel keine Gesetze geschrieben, die da besagen: "Du sollst dich nicht über ungehobelte Taxifahrer beschweren." Oder: "Du sollst dich über die Programmwahl deines Mannes beschweren." Oder: "Du sollst dich guten Mutes von Kellnern beschimpfen lassen." *Merzen Sie die Auffassung aus, es hätte etwas mit moralisch gut oder schlecht zu tun, wenn Sie sich dazu entschließen, für sich einzustehen.*

In puncto Selbstbehauptung können Ihnen die folgenden Leitlinien zu guten Ergebnissen verhelfen:

a) Seien Sie objektiv. Wenn Sie sich über eine Situation beschweren, übertreiben Sie nicht; werfen Sie nicht mit Schuld um sich. Wenn zum Beispiel jemand neben Ihnen im Flugzeug raucht, äußern Sie vielleicht: "Ihr Rauch zieht mir beim Essen ins Gesicht. Würden Sie wohl so freundlich sein, jetzt nicht zu rauchen?" Ein solches Vorgehen ist besser als die Technik: "Verschwinden Sie mit Ihrer dreckigen Gewohnheit doch nach draußen ..."

Wir sagen zu oft: "Du ... immer" oder "Du ... nie", zum Beispiel: "Du kommst immer zu spät! Du hörst nie zu!" Solche Verallgemeinerungen verletzen die Menschen. So ist es auch

SCHÜCHTERE ICH SIE EIN ?
MATTHEWS

wichtig, daß wir bei unserer Bestandsaufnahme fair und gerecht sind: "Ihr dreckiger Rauch bringt mich fast um, ich ersticke beinahe daran!" kann eine beleidigende Übertreibung sein.

b) Übernehmen Sie die Verantwortung dafür, wie Sie sich fühlen. "Du machst mit deinen Spaghetti einen solchen Lärm, daß es mir schwerfällt, mein Essen zu genießen. Es stört mich, wenn dich alle Leute im Restaurant anstarren." Statt: "Du machst mich krank. Du gehörst in Gefängnis!"

Es ist wichtig zu erkennen, daß wir uns aussuchen, wie wir reagieren, und es ist wichtig, die Schuld nicht auf andere abzuschieben. Benutzen Sie Ausdrücke wie: "Ich fühle mich gestört" oder "Ich sorge mich" statt "Du machst mich krank" oder "Du bist ein Schwein."

c) Machen Sie deutlich, was Sie wollen. Zum Beispiel: "Ich möchte sofort den Manager dieses Ladens sehen." Oder: "Bevor ich diese Rechnung bezahle, möchte ich eine genaue Aufstellung der Material- und Lohnkosten sehen."

Seien Sie präzise. Vage Aufforderungen wie "Komm doch endlich einmal zur Vernunft!" oder "Lern du erst einmal Manieren!" oder "Hören Sie auf, mich übers Ohr zu hauen!" helfen nicht.

d) Legen Sie die Konsequenzen fest. Wenn Sie zum Beispiel den Nachbarn wegen der lauten Musik ansprechen: "Wenn Sie Ihre Stereoanlage etwas leiser stellen, verspreche ich Ihnen, daß ich bei meiner nächsten Party dasselbe tue."

Sprechen Sie über die Vorteile für Sie beide, wenn die anderen etwas unternehmen. Sprechen Sie über die "positiven Folgen, wenn das Gewünschte geschieht", und nicht über die "negativen Folgen im Fall einer Weigerung". Es ist auch hilfreich, wenn Sie anbieten, sich als Gegenleistung für gemachte Mühe Ihrerseits Mühe zu geben. Wenn wir uns entschließen, für uns einzustehen, ist es in unserem eigenen Interesse, anderen Menschen Respekt entgegenzubringen, denn wir ernten im Leben das, was wir säen, wir bekommen zurück, was wir ausgeben. Wenn die voll aufgedrehte Stereoanlage des Nachbarn Sie jede Nacht wach hält, wollen Sie sicher für sich einstehen. Ob er sie leiser stellt oder nicht, hängt viel mehr von Ihren Kommunikationsfähigkeiten ab als von ihrem "Recht" oder dem, was "fair" ist.

Zusätzlich: Bleiben Sie fest, wenn Sie sich behaupten. Beginnen Sie nicht mit einer Entschuldigung, zum Beispiel: "Es tut mir leid, Sie zu belästigen, aber Ihr Auto parkt auf meinem Fuß." Entschuldigungen lassen Sie in den Augen anderer Leute als Schwächling erscheinen. Es gibt keinen Grund, sich zu entschuldigen – sagen Sie ihnen einfach, was sie wissen müssen.

Außerdem haben Sie die besten Erfolgschancen, wenn Sie sich nur über eine Sache auf einmal beschweren. Dies ist nicht mehr als ein Hinweis auf die elementaren Grundlagen, doch manchmal lassen wir uns zu Äußerungen hinreißen wie zum Beispiel: "Hör auf, wie ein Schwein zu essen; stöhne doch nicht immer, reiß dich zusammen, werde mal nüchtern, such dir eine ordentliche Arbeit und fang endlich an, mir im Haus zu helfen." Und das kann ein bißchen viel auf einmal sein. Bringen Sie zuerst die Sache mit dem Essen in Ordnung, und verhandeln Sie danach weiter.

Abweisungen

Manchmal versuchen die Menschen Sie, wenn Sie sich zu behaupten suchen, mit wohlbekannten Ausdrücken abzuwimmeln wie:

"Außer Ihnen hat sich noch nie jemand beschwert."

"Sind Sie nicht ein bißchen kleinlich?"

"Ich habe jetzt keine Zeit, darüber zu sprechen."

Sie müssen wissen, wie Sie darauf reagieren, vielleicht mit Sätzen wie:

"Nun, ich beschwere mich jetzt darüber, weil ich es für wichtig halte."

"Ich finde es nicht kleinlich ..."

"Sagen Sie mir, wann genau ich Sie sprechen kann."

Des Pudels Kern

Bleiben Sie objektiv, wenn Sie für sich einstehen. Übernehmen Sie die Verantwortung dafür, wie Sie sich fühlen, und drücken Sie Ihre Wünsche klar aus. Manchmal gewinnt man, manchmal verliert man. Wenn Sie gewinnen, beweisen Sie, daß Sie die Kontrolle über bestimmte Situationen haben und das bekommen, was Sie wollen. Wenn Sie verlieren, fühlen Sie sich im allgemeinen besser, weil Sie Ihre Gefühle ausgedrückt haben.

Seien Sie aber flexibel ...

Nachdem Sie einmal gelernt haben, wie man "nein" sagt, erinnern Sie sich daran, daß es sich manchmal lohnt, sich nach anderen zu richten, sich ihren Plänen anzupassen ...

Manche Unterbrechung könnte bei unserem übervollen Terminplan in Wirklichkeit die vielbenötigte Pause sein. Seien Sie darauf gefaßt. Überlegen Sie, bevor Sie "Nein danke" sagen. Wie immer liegt unsere Aufgabe darin, einen harmonischen Ausgleich zu schaffen.

Die anderen sollen denken, was sie wollen

"Was andere Leute über Sie denken, geht Sie nichts an."

Früher spendete ich einfach für alles. Wenn ich die Straße entlangging und jemand eine Sammelbüchse unter meine Nase hielt, warf ich Geld hinein. Wenn mich jemand anrief und aufforderte, für 30 Dollar drei kitschige Geschirrtücher zu kaufen, kaufte ich sie. Wenn jemand ins Büro kam und ranzige Erdnüsse verkaufte, dachte ich "pfui" und kaufte drei Packungen.

Später am Tag fragte ich mich dann: "Für welche Sache habe ich eigentlich gespendet?" und bemerkte, daß ich keine Ahnung hatte! Es mag ehrenwert sein, für wohltätige Zwecke zu spenden, aber ich gab nicht aus Großzügigkeit. Ich gab hauptsächlich, weil ich mich um die Meinung der Leute sorgte. Ich wollte nicht als Geizhals erscheinen, also spendete ich. Ich hätte nicht einmal gewußt, ob meine Spende eine Terroristengruppe unterstützte, die im Begriff war, eine Brandbombe auf mein Haus zu werfen; solange sie mich für einen netten Menschen hielten, war ich zufrieden!

Ich machte mir zu oft Gedanken darüber, was die Leute dachten, statt mir zu überlegen, was ich eigentlich wollte. Ich ließ niemals ein Essen im Restaurant zurückgehen, bat die Nachbarn nie, die Musik leiser zu stellen, und brachte selten schlechte Ware in den Laden zurück. Ich hielt mich für freundlich, war aber tatsächlich ein Schlappschwanz. Meiner Erfahrung nach ist diese übermäßige Beschäftigung mit dem Anerkennungsbedürfnis vielen Menschen gemeinsam.

Der Ursprung des Anerkennungsbedürfnisses

Als kleine Kinder verzehren wir uns nach der Anerkennung durch unsere Eltern. "Schau mich an. Bin ich nicht schlau? Gefällt dir mein Geschenk wirklich? Bist du stolz auf mich, Papa?"

In der Schule überleben wir, weil wir Anerkennung bekommen. Wenn die Lehrer unser Verhalten billigen, geraten wir nicht in Schwierigkeiten und bekommen gute Noten. Wenn die Lehrer unsere Ansichten und unser Verhalten nicht billigen, kann das Leben schwierig werden. Während unserer Ausbildung gesteht man uns wohl einige individuelle Unterschiede zu, zum größten Teil hängt unser Erfolg jedoch von der Anerkennung unserer Leistung durch andere Menschen ab. Als Teenager verfahren wir immer noch nach dem Prinzip des Erlaubten: "Ist es in Ordnung, wenn ich das mache? Kann ich das tun?"

Die Forderung nach Konformität kommt auch aus anderen Quellen. Viele Organisationen und Klubs halten ihre Mitglieder mit recht drakonischen Regeln bei der Stange. "Den Mitgliedern ist es streng verboten ..." Das Fernsehen verbreitet eine ähnliche Botschaft: "Wenn du nicht das richtige Deodorant benutzt, das richtige Auto fährst, deinen Atem mit 'Atemfrisch' auffrischst, finden dich alle abscheulich."

Wenn wir erst einmal erwachsen sind, sind wir stark darauf konditioniert, nach Zustimmung zu suchen. Wird unser Verhalten gebilligt, sind wir glücklich. Wird uns die erhoffte Zustimmung jedoch nicht zuteil, fühlen wir uns elend. Dadurch entsteht ein großes Problem: Jetzt haben andere unser Glück in der Hand!

Wenn wir unser Leben unter Kontrolle bekommen und in vollen Zügen leben wollen, besteht unsere Aufgabe darin, den Zwang, Zustimmung zu bekommen, auszumerzen. Letztendlich finden wir entweder Seelenfrieden, *oder* wir sorgen uns um die Meinung anderer. Beides zusammen geht nicht.

Sich um die Meinung anderer zu sorgen ist eine zähe Angewohnheit und nicht leicht abzulegen, doch wenn wir sie nicht überwinden, kann das tragische Folgen nach sich ziehen. Ganz vernünftige Menschen verurteilen sich mit der Begündung: "Was würden denn die Leute sagen, wenn ich diese gesicherte Stellung aufgäbe?" oft lebenslänglich zu einer Arbeit, die sie hassen. Mütter gestehen ein: "Mein ganzes Leben lang wollte ich ..., aber was würden meine Kinder dazu sagen?" Kinder kämpfen sich durch ein jahrelanges Universitätsstudium, um es ihren Eltern recht zu machen: "Ich hasse dieses gräßliche Fach, aber wenn ich aufstecke, drehen meine Eltern durch."

Das ist traurig, weil uns die größten Erlebnisse und Errungenschaften häufig dadurch zuteil werden, daß wir uns aus der gewohnten Zone herauswagen und etwas anderes tun als die Massen.

Sorgen Sie sich um die Meinung anderer Leute? Fragen Sie sich:

"Wann bin ich das letzte Mal in einem Restaurant schlecht bedient worden und habe nichts gesagt?"

"Nehme ich je Einladungen an, weil ich mir Gedanken mache, was man von mir denkt, wenn ich ablehne?"

Wenn Sie ledig sind: "Sehe ich manchmal jemand, den ich attraktiv finde, und bitte *nicht* um ein Rendezvous?"

"Bin ich, um das zu bekommen, was ich will, immer gern zu Verhandlungen bereit? Wenn nicht, warum nicht?"

"Lasse ich mir von Verkäufern Dinge aufreden, die ich eigentlich gar nicht kaufen will?"

"Wenn mir nichts an der Meinung anderer läge, würde ich dann dieselbe Arbeit tun, im selben Haus wohnen, mit den Leuten wohnen, mit denen ich jetzt zusammenwohne?"

Man kann es nicht einmal den *meisten* Leuten die ganze Zeit recht machen. Wenn Sie befürchten, daß manche Menschen Sie für idiotisch halten, entspannen Sie sich! Das tun sie wahrscheinlich ohnehin schon!

Ihre Familie, Ihre Kollegen und Freunde haben zweifellos Ihre Freundschaft und Rücksichtnahme verdient. Wenn Sie aber versuchen, es allen recht zu machen, werden Sie niemandem gerecht, am wenigsten sich selbst. Seelenfrieden entspringt dem Verständnis, daß nur wenige Menschen die Welt so sehen wie wir selbst.

Im Alter von vier Jahren ist es wichtig, es den Leuten recht zu machen. Wenn die anderen uns mögen, geben sie uns, was wir wollen. Aber das ändert sich. Im Alter von fünfundvierzig Jahren muß man als Mensch erfolgreich sein. Dann bekommt man, was man will, indem man sich so gibt, wie man ist. Sie brauchen es nicht allen recht zu machen. Tatsächlich ist der Versuch, es allen recht zu machen, nicht nur unnötig, sondern ein Zeichen dafür, daß ein Teil Ihrer selbst immer noch vier Jahre alt ist.

Des Pudels Kern

Respektieren Sie andere, bleiben Sie dabei aber sich selbst treu. Wenn die Menschen Ihre Gedanken oder Ihren Lebensstil nicht billigen, ist das deren Problem, nicht Ihres.

Aufhören, sich zu rechtfertigen

"Bedeutend sein heißt mißverstanden sein."
Emerson

Fällt Ihnen auf, daß Sie Ihr Verhalten oft rechtfertigen? Erklären Sie Ihr Tun oft anderen? An selbstbewußten, selbstbestimmten Individuen fällt uns etwas auf. Sie verbringen nicht viel Zeit damit, ihr Handeln zu erklären. Sie handeln einfach.

Wenn wir Kinder sind, geht es nicht anders. Wir müssen uns dauernd vor unseren Eltern und Lehrern rechtfertigen, gewöhnlich, um nicht in Schwierigkeiten zu geraten oder um Prügel zu vermeiden.

Wenn wir aber als Erwachsene glücklich sein wollen, müssen wir unabhängiger denken und handeln – und *uns bei dem Gedanken wohlfühlen, daß wir nicht jede unserer Handlungen der Familie, den Freunden und Nachbarn gegenüber rechtfertigen müssen.*

ICH WILL MICH ABER NICHT UM MEINE EIGENEN ANGELEGENHEITEN KÜMMERN. IHRE SIND VIEL INTERESSANTER!
ANDREW MATTHEWS

Offensichtlich ist es manchmal angebracht, unserem Chef eine Erklärung zu geben oder unser Verhalten vor unseren Partnern zu rechtfertigen. Wenn jemand Ihren Lohn bezahlt, hat er das Recht zu wissen, was Sie tun und weshalb Sie es tun. Wenn Sie mit Ihrem Lebenspartner eine enge Beziehung aufbauen, wollen Sie Ihre Gedanken und Beweggründe oft teilen. Darüber hinaus jedoch müssen wir erkennen, daß wir nicht durchs Leben zu gehen brauchen, als befänden wir uns im Zeugenstand! Ich spreche hier von persönlichen Überzeugungen – Sie bestimmen, was Ihre eigene Angelegenheit ist und sonst niemanden etwas angeht. Es gibt Menschen, die fragen gewohnheitsmäßig nach Dingen, die sie nichts angehen.

Wenn Ihr Nachbar sagt: "Warum verkaufen Sie Ihr Haus?", ist es Ihnen vielleicht lieber zu antworten: "Weil ich es verkaufen möchte", als sich auf eine lange Erklärung der Marktentwicklung und Ihrer persönlichen Finanzen einzulassen. Sie brauchen sich nicht geheimniskrämerisch zu geben. Aber nur weil jemand eine Frage stellt, heißt das noch lange nicht, daß ihn das auch etwas angeht oder daß Sie seine Neugier stillen müssen.

Wenn Ihr Autoverkäufer Sie in die Ausstellungshalle einlädt, brauchen Sie nicht genau zu erklären, weshalb Sie ablehnen. Er sagt: "Schauen Sie sich unser neuestes Modell an. Da sind Sie von den Socken!" Sie sagen: "Nein danke."

"Warum nicht?"

"Ich habe anderes zu tun. Danke für den Anruf."

"Ja, aber dieser Wagen ist absolut super. Warum wollen Sie ihn sich nicht anschauen?"

"Danke, daß Sie an mich gedacht haben, aber ich möchte nicht." Ende des Gesprächs.

Bedenken Sie, ob Sie zur Zeit Ihr Handeln rechtfertigen und den Menschen Dinge erklären, die diese nichts angehen. Es ist nicht falsch, daß die Leute fragen. Aber *Sie beschließen, daß Sie die Kontrolle über die Situation haben,* und beantworten nur die Fragen, die Sie beantworten *wollen.*

Wenn Ihr Schwager wissen will: "Warum hast du deine Arbeit aufgegeben?", lächeln Sie und sagen: "Mir war eben danach."

Wenn Ihr Nachbar fragt: "Warum gehen Sie sechs Mal die Woche zum Sport?", sagen Sie: "Es gefällt mir."

Jemand fragt: "Haben Sie eine Spende übrig für die Stiftung 'Rettet die Schnecken'?" Sie sagen: "Nein." Sie brauchen nicht zu sagen: "Nein, ich bin heute knapp bei Kasse" oder "Ich habe letzte Woche einen Kuchen dafür gestiftet." Sie sagen einfach "nein." Es ist keine Erklärung notwendig.

Manchmal bestehen die Menschen auf einer Erklärung. Sie sagen: "Aber ich verstehe das nicht."

Also sagen Sie: "Das ist schon in Ordnung."

"Aber ich verstehe wirklich nicht!"

Und Sie sagen: "Sie brauchen es nicht zu verstehen." Also empören sie sich und verlangen, Sie sollten erklären, wie Sie dazu kommen, etwas zu tun, was den anderen sinnlos erscheint. "Aber warum denn? Wie konntest du nur?"

"Ich wollte eben."

Tante Rose lädt Sie zum Essen ein. Sie sagen: "Danke für die Einladung, aber wir sind gerade mitten in der Arbeit ..."

"Deine Schwester kommt auch."

"Ja. Und sie hat mir erzählt, daß dein Gebäck wirklich sensationell ist."

"Aber ihr wollt nicht kommen?"

"Wir bitten dieses Mal um Entschuldigung, Tante Rose."

"Warum könnt ihr denn nicht wenigstens ein Weilchen kommen?"

"Tante Rose, wir wissen deine Einladung wirklich zu schätzen. Aber wir müssen es auf ein andermal verschieben."

Wenn Sie mit Ihrer Familie oder engen Freunden zu tun haben, denken Sie daran, daß sie sich zumindest für Sie interessieren. Sie wollen etwas für Sie tun und mit Ihnen unternehmen – sie haben an Sie gedacht. Das ist an sich kein Ärgernis. Mit Freunden und Verwandten gehen wir sicherlich etwas netter um als mit dem Gebrauchtwagenverkäufer.

Wenn Sie Freunde finden wollen, kann ein einstudiertes "Nein" manchmal gezwungen oder sogar unhöflich klingen. Es gibt viele einfallsreiche Arten, nein zu sagen. Die Menschen verstehen den Wink im allgemeinen, wenn Sie auf ihre übertriebene Neugier hin sagen: "Wir wollen jetzt lieber nicht über meine Schwiegermutter / mein Auto / meine Arbeit / mein Geld / meine Jugendliebe reden. Schauen Sie doch nur diese Blumen an. Sind sie nicht einfach herrlich?"

Einige weitere Fragen, die Sie nicht zu beantworten brauchen:

1. Warum besuchen Sie Ihre Schwiegermutter nie?
2. Warum sind Sie so vorsichtig mit Ihrem Geld? Geld ist doch zum Ausgeben da.
3. Warum gehen Sie so verschwenderisch mit Ihrem Geld um? Legen Sie doch etwas auf die hohe Kante für die schlechten Zeiten.
4. Warum treffen Sie sich nicht mal mit Max?
5. Warum kaufen Sie sich kein neues Auto?
6. Warum kaufen Sie sich ständig ein neues Auto?
7. Warum haben Sie das denn gekauft?
8. Tut es Ihnen je leid, daß Sie Doris nicht geheiratet haben?
9. Warum gehen Sie denn mit dem aus?
10. Und sonst tun Sie gar nichts?

Nehmen Sie sich die Freiheit, so zu leben, wie Sie gerne möchten, und mit Ihrer Zeit zu tun, was Sie für richtig halten. Sie brauchen die Neugier der anderen in bezug auf Ihr Leben und Ihre gesellschaftlichen Verpflichtungen nicht zu befriedigen. Sie brauchen nicht unhöflich zu sein, aber nehmen Sie Ihr Leben in Ihre Hand. Seien Sie kein Opfer.

Wir brauchen im Leben nicht unbedingt für alles einen Grund. Wenn sich etwas gut anfühlt, dann ist das vielleicht Grund genug – wie zum Beispiel ein Bad nehmen, unter der Dusche singen, einen Tag im Bett bleiben. Daß man etwas noch nie getan hat, kann ebenfalls Grund genug sein, es zu tun, und das geht nur Sie etwas an.

Des Pudels Kern

Treffen Sie Ihre eigenen Entscheidungen. Legen Sie es nicht darauf an, die Menschen vor den Kopf zu stoßen, aber bleiben Sie sich selbst treu. *Wenn Sie sich erklären wollen, tun Sie es, weil Sie Ihre Gedanken mit einem anderen Menschen teilen wollen, und nicht, weil Sie Zustimmung brauchen.* Ihre eigene Erlaubnis reicht, Sie brauchen keine Genehmigung von anderen.

Wenn Sie nein sagen wollen

Ist es nicht manchmal schwierig, nein zu sagen? Wie oft kam es schon vor, daß Sie einen Ihrer kostbaren Samstagnachmittage aufgaben, ein dummes Abonnement kauften, eine Einladung zum Abendessen annahmen, einem Komitee beitraten, jemandem Geld liehen, nur weil Sie nicht nein sagen konnten?

Um unserer eigenen geistigen Gesundheit und Zufriedenheit willen ist es notwenig, *ohne Schuldgefühle* nein sagen zu können, wenn uns danach ist. Ja sagen, wenn wir eigentlich nein meinen, führt zu Ärger, Depression und Unmutsgefühlen.

Wie glücklich wir im Leben sind, hängt davon ab, wieviel Kontrolle wir über unsere Lebensumstände zu haben glauben, und unsere Lebensumstände in die Hand nehmen heißt oft nein sagen.

(Wir sollten auch verstehen, daß andere Menschen ihre Gründe haben, wenn sie nein sagen.)

Manipulation durch Schuldgefühle

Warum ist es schwierig, nein zu sagen? Manchmal fürchten wir, daß die Menschen uns nicht mehr leiden mögen, wenn wir für uns selbst einstehen. Manchmal lassen wir es (mit "Ermunterung" anderer) zu, daß wir uns schuldig fühlen, und sobald wir uns schuldig fühlen, wissen sie, daß wir alles Mögliche unternehmen, um unser Schuldgefühl loszuwerden.

Betrachten wir an einigen einfachen Beispielen, wie andere unser Schuldbewußtsein fördern:

Mutter sagt: "Ich fühle mich schon den ganzen Morgen über schlecht. Würdest du wohl beiseite legen, was du gerade tust, und für mich zum Supermarkt gehen?" (Botschaft: Ich bin krank; wenn du nicht tust, was ich will, bist du ein gefühlloser Mensch.)

Der Freund sagt: "Wenn du mich wirklich liebst, gehst du mit mir ins Bett." (Botschaft: Wenn du nicht tust, was ich will, bedeutet das, du willst mich verletzen; fühle dich also gefälligst schuldig.)

Der Chef sagt: "Ich werde heute bis zehn Uhr arbeiten. Sie müssen Überstunden machen." (Botschaft: Ich habe beschlossen, mich einmal richtig zu schinden, also müssen Sie dasselbe tun.)

Ein alter Bekannter sagt: "Du mußt mit mir einen trinken gehen – wir sind doch schließlich alte Freunde." (Botschaft: Wenn du nicht tust, was ich will, bist du kein guter Freund.)

Ihr Kraftfahrzeugmechaniker sagt: "Wir haben Tag und Nacht an Ihrem Auto gearbeitet. Wir taten unser Bestes. Mehr können Sie nicht verlangen." (Botschaft: Seien Sie nicht unvernünftig und erwarten Sie nicht von uns, diese Schrottkiste zu reparieren. Zahlen Sie uns die zweitausend Mark Reparaturkosten, und lassen Sie sie abschleppen).

WANN KANN ICH DICH WIEDERSEHEN?
DU MAGST MICH DOCH, NICHT WAHR
AHEM...
DU FINDEST MICH DOCH ATTRAKTIV, NICHT WAHR?
JA, SICHER...
ALSO WANN KANN ICH DICH WIEDERSEHEN?
ICH WEISS NICHT...
DAS TUT WEH! ICH DACHTE, DU MAGST MICH!
NAJA
DU MACHST DIR NICHTS AUS MIR DU BIST GRAUSAM!
DU HASST MICH! AM BESTEN BRINGE ICH MICH GLEICH UM!
SCHON GUT, ICH WILL DICH WIEDERSEHEN.
WIRKLICH? TOLL!
WILLST DU MICH HEIRATEN?
ANDREW MATTHEWS

In jedem dieser Fälle fällt oder impliziert die andere Person ein Urteil in bezug auf das, was Sie tun "sollten". Sie beurteilt, was moralisch richtig ist: "Wenn du ein guter Mensch bist, kaufst du für mich ein, schläfst du mit mir, besuchst du mich am Wochenende, beschwerst du dich nicht, daß wir dein Auto ruiniert haben ..." usw.

Urteilen Sie selbst

Die einzige Art, der Manipulation durch Schuldgefühle von seiten anderer zu entgehen, besteht darin, selbst zu urteilen. Weigern Sie sich, an die Ansicht anderer über "richtig" und "falsch" gebunden zu sein. Fällen Sie Ihre eigene Entscheidung und seien Sie bereit, sie kundzutun. Dann sagen Sie zu Ihrer Mutter: "Vielleicht kann das Einkaufen ein bißchen warten, Mutter? Dies hier ist sehr wichtig." Zu Ihrem Freund sagen Sie: "Ich weiß deine Meinung zu schätzen und akzeptiere, daß du findest, ich solle mit dir schlafen. Meine Ansicht dazu ist ..."

Manche Leute sind sehr hartnäckig mit ihren Forderungen.

Sie sagen : "Nein."

Die anderen sagen: "Warum nicht?"

Sie sagen: "Weil ich nicht will."

Die anderen sagen: "Warum nicht?"

Sie sagen: "Ich habe etwas anderes zu tun!"

Die anderen sagen: "Und was ist mit unserer Freundschaft?"

Sie sagen: "Das hat mit unserer Freundschaft nichts zu tun."

Die anderen sagen: "Wenn du es nicht tust, heißt das, dir liegt nichts an mir."

Und schließlich sagen Sie: "Also gut. Ich tue es."

(Und wieder hat die Manipulation durch Schuldgefühle einen Sieg verzeichnet.)

Viele Verkäufer wissen über diese Manipulation Bescheid. Ein Vertreter kommt an Ihre Tür und verwickelt Sie in ein Gespräch:

Vertreter: "Haben Sie einen Moment Zeit?"

Sie: "Wofür?"

Vertreter: "Ich mache eine Umfrage. Können Sie mir helfen?"

Sie: "Worüber?"

Vertreter: "Erziehung."

Sie: "Sie verkaufen doch nicht etwa irgend etwas?"

Vertreter: "Nicht direkt."

Sie: "Was bedeuten denn diese 26 Bände von A bis Z unter Ihrem linken Arm?"

Vertreter: "Ach, das sind nur Bücher."

Sie: "Das sieht mir verdächtig nach einer Enzyklopädie aus."

Vertreter: "Ja, so sieht es aus, nicht wahr?"

Sie: "Bevor Sie weitermachen: Ich will keine Enzyklopädie kaufen.

Vertreter: "Schon gut. Darf ich Ihnen eine Frage stellen?"

Sie: "Also gut, in Ordnung."

Vertreter: "Haben Sie Kinder?"

Sie: "Ja, zwei."

Vertreter: "Liegt Ihnen an der Ausbildung Ihrer Kinder?"

Sie: "Hm, ja." (Jetzt haben Sie bereits zwei Fragen beantwortet.)

Vertreter: "Wollen Sie ihnen Vorteile zukommen lassen, die Sie selbst niemals hatten?"

Sie: "Ich glaube schon."

Vertreter: "Hoffen Sie, daß Ihre Kinder im Leben erfolgreich sind?"

Sie: "Ja."

Vertreter: "Und wollen Sie Ihren Kindern bei Ihrer Ausbildung helfen?"

Sie: "Ja, klar, aber ..."

Vertreter: "Das Wohl Ihrer Kinder liegt Ihnen wirklich am Herzen, nicht wahr?"

(Botschaft: Wenn Ihnen an Ihren Kindern liegt, verwenden Sie all Ihr Erspartes darauf, meine Enzyklopädie zu kaufen.)

Fünfzehn Minuten später:

Vertreter: "Sie werden es nicht bereuen. Sie besitzen jetzt alle 26 Bände der Kosmischen Enzyklopädie, und zum Glück habe ich diese zufällig hier unter meinem Arm!"

Sie besitzen jetzt Bücher im Wert von zweitausend Mark, die Sie nicht wollten, und fragen sich, wieso um alles in der Welt Sie diese denn nur gekauft haben. Um zu bekommen, was Sie wollen, müssen Sie hartnäckiger sein als die anderen. Wenn andere Sie viermal fragen, müssen Sie darauf vorbereitet sein, fünfmal nein zu antworten. Wenn sie zehnmal fragen, sagen Sie elfmal nein.

Zu diesem Zweck ist die Technik der "hängengebliebenen Schallplatte" eine der besten Methoden. Das gute an dieser Technik ist, daß Sie kein guter Redner oder Debattierer sein müssen, um sie erfolgreich anzuwenden. Sie halten sich an ein Prinzip: *Tun Sie kund, was Sie wollen, und lassen Sie sich dann nicht davon abbringen.* Lassen Sie sich nicht manipulieren, beantworten Sie keine Fragen, sagen Sie einfach, was Sie wollen.

Hier sehen Sie, wie sich die Technik der "hängengebliebenen Schallplatte" im Fall unseres Buchverkäufers anwenden ließe:

Sie: "Sie verkaufen doch nicht etwa irgend etwas?"

Vertreter: "Nicht direkt."

Sie: "Verkaufen Sie Enzyklopädien?"

Vertreter: "Nun ..., ja."

Sie: "Bevor Sie weitermachen: *Ich will keine Enzyklopädie kaufen.*"

Vertreter: "Darf ich Ihnen eine Frage stellen?"

Sie: *"Ich will keine Enzyklopädie kaufen."*

Vertreter: "Sie sehen aus wie ein Mensch, der sich für das Weltgeschehen interessiert."

Sie: "Es kann sein, daß ich so aussehe, *aber ich will keine Enzyklopädie kaufen.*"

Vertreter: "Haben Sie Kinder?"

Sie: *"Ich will keine Enzyklopädie kaufen."*

Vertreter: "Wie können Sie nein sagen, wenn Sie meine Enzyklopädie noch nicht einmal gesehen haben? Sie könnte doch ein wirklich guter Kauf sein!"

Sie: "Sicher könnte sie das. *Aber ich will keine Enzyklopädie kaufen.*"

Vertreter: "Diese Enzyklopädie ist die beste und preiswerteste auf dem Markt. Es dauert nur zwei Minuten ..."

Sie: "Ich bin sicher, daß Sie sie für einen guten Kauf halten. Sicher dauert es nur zwei Minuten, *aber ich will keine Enzyklopädie kaufen.*"

Vertreter: "Ich hatte eine ganz schlimme Woche."

Sie: "Das tut mir leid für Sie, *aber ich will keine Enzyklopädie kaufen.*"

Vertreter: "Wenn ich bis Mittag keine Enzyklopädie verkaufe, erschießt mich mein Chef!"

Sie: "Vielleicht erschießt er Sie, *aber ich will keine Enzyklopädie kaufen.*"

Vertreter: "Sie kümmern sich nicht einmal darum, daß meine siebzehn Kinder dann verhungern?!"

Sie: "Sicher sieht es so aus, als mache mir das nichts aus, *aber ich will keine Enzyklopädie kaufen.*"

Wahrscheinlich fallen Ihnen andere Möglichkeiten ein, wie man mit Vertretern fertig werden kann. Man kann ihnen zum Beispiel die Tür vor der Nase zuschlagen. Wir betrachten hier jedoch eine Technik, die in vielen Situationen, in denen Sie sich manipuliert fühlen, wertvoll ist. Es ist eine gute Idee, an diesen Vertretern zu üben, so daß Sie für die Fälle, in denen Sie sich nicht durch ein Zuschlagen der Tür entziehen können, gerüstet sind.

Denken Sie beim Einsatz der Technik der "hängengebliebenen Schallplatte" an folgendes:

a) **Regen Sie sich nicht auf.** Sprechen Sie in monotoner Stimmlage, bleiben Sie gelassen und bestimmt.

b) **Ihr Ziel besteht darin, die andere Partei nicht zu beleidigen.** Stimmen Sie zu, wo das möglich ist, es sei denn, Sie lassen sich gerne beschimpfen und schimpfen auch selbst gern. Zum Beispiel: "Ich bin sicher, daß es sich um einen guten Kauf handelt ... Es mag so aussehen, als sei ich gefühllos ... Es muß Ihnen so vorkommen, ... aber ich will keine Enzyklopädie kaufen."

c) **Bleiben Sie bei der gleichen Wortwahl.** Sie hinterlassen einen stärkeren Eindruck, wenn Sie Ihren Standpunkt jedesmal mit genau denselben Worten klarmachen.

d) **Seien Sie beharrlich.** Mit einer Technik wie der "hängengebliebenen Schallplatte" können Sie wirklich ein Spiel daraus machen – und auf Sieg spielen.

Manipulationen mit Fragen begegnen

Wenn die "hängengebliebene Schallplatte" nicht angebracht ist, können eine oder zwei bestimmte Fragen andere oft wissen lassen, daß Sie sich nicht herumstoßen lassen.

Ein Bekannter sagt: "Wenn du wüßtest, was Freundschaft bedeutet, würdest du mir tausend Mark leihen."

Frage. "Warum sollte ein Freund dir eigentlich unbedingt tausend Mark leihen?"

"Weil ich sie brauche."

Frage: "Gewiß brauchst du sie. Willst du damit sagen, daß ich kein guter Freund bin, wenn ich dir das Geld nicht leihe?"

"Nun, ... nein."

"Das wollte ich nur wissen. Ich halte mich für deinen Freund, aber ich habe jetzt gerade keine tausend Mark locker."

Die Ehefrau sagt: "Wenn dir an mir etwas läge, würdest du nicht das ganze Wochenende zum Angeln gehen."

Frage: "Was stört dich daran, daß ich zum Angeln gehe?"

"Wenn du Angeln gehst, sehe ich dich nicht."

Frage: "Fehle ich dir?"

"Ja, du fehlst mir."

Frage: "Ist es nicht schön, daß wir einander noch vermissen?"

"Wahrscheinlich schon."

Frage: "Ich möchte wirklich gerne angeln gehen, aber laß uns danach auch eine gemeinsame Unternehmung planen. Wie wäre das?"

"Das wäre in Ordnung."

Die Technik der hängengebliebenen Schallplatte und die Fragestrategie sind wertvoll, weil sie Ihnen in Situationen, in denen Sie sich zuvor nervös oder außer Kontrolle fühlten, mehr Selbstvertrauen geben. Um erfolgreich nein sagen zu können, müssen Sie fähig sein, einen anderen Standpunkt zu vertreten, ohne sich deshalb schuldig zu fühlen.

Wenn andere auch zeitweise versuchen mögen, uns durch Schuldgefühle zu manipulieren, handelt es sich in den meisten Fällen jedoch gar nicht um Manipulation. Die anderen äußern nur eine Bitte, und unsere Aufgabe besteht darin, für unsere Wünsche einzustehen und uns dabei wohl zu fühlen.

Die Trennlinie zwischen Selbstbehauptung und Egoismus ist schwierig zu ziehen, und zweifellos sagt man Ihnen oft: "Du bist egoistisch!", wenn Sie denken, Sie stünden nur für sich selbst ein.

Des Pudels Kern

Beurteilen Sie selbst, was Sie für fair halten, und lassen Sie nicht zu, daß andere Sie auf Grund ihrer Auffassung von "richtig" oder "falsch" zu Wochen oder Jahren des Schuldbewußtseins verurteilen. Besonders bei Ihrer eigenen Familie müssen Sie in der Lage sein, nein zu sagen. Wenn Sie erst einmal ohne Schuldbewußtsein nein sagen können, haben Sie mehr Kontrolle über Ihr Leben und kommen sowohl mit anderen als auch mit sich selbst besser aus.

Kapitel 4

Erwartungen der anderen

Vom Wert der Komplimente

Teddy

Sich mit anderen unterhalten

Zu seinem Wort stehen

Die Menschen wollen Respekt

Anderen mitteilen, was man fühlt

Die Menschen brauchen Raum

Denken Sie daran, daß die Menschen Stärke lieben und Respekt erwarten. Außerdem brauchen sie auch noch Raum.

Vom Wert der Komplimente

Zeigen Sie mir jemanden, der sagt, er (oder sie) wolle sich nicht wichtig fühlen, und ich zeige Ihnen einen Lügner. Wir alle brauchen Anerkennung und Lob. Unser Bedürfnis nach Lob ist wie unser Bedürfnis nach Nahrung – es bleibt nie lange gestillt. Umfragen am Arbeitsplatz zeigen, daß Geld in der Hierarchie der Bedürfnisse der Menschen ziemlich weit unten auf der Liste steht. Bedürfnisse wie "Anerkennung durch die Firma", "Lob, wenn es verdient ist" und "einen Beitrag leisten" rangieren ständig vor der Belohnung durch Bargeld.

Sogar reiche und berühmte Leute wollen, daß man ihnen ständig sagt, wie gut sie aussähen und wie gut sie seien. Schauen Sie sich Interviews mit Filmstars, Sportassen und Geschäftsmagnaten an, und Sie werden bemerken, daß sie echtes Lob so begierig aufsaugen wie jedermann.

Fragen Sie sich: *"Sagt man mir, daß ich schön, klug, fähig, tüchtig, liebenswert und wunderbar sei, so oft ich das gerne möchte?"* Die Antwort lautet "nein", nicht wahr? Dasselbe gilt für jeden anderen Menschen auf der Welt. Wir bekommen nie genug.

Sie wissen wahrscheinlich, auf welche Schlußfolgerung ich hier hinaus will: *Wenn Sie auf andere einen Einfluß ausüben wollen, müssen Sie ihnen Komplimente machen!* Sie brauchen nicht vor ihnen auf dem Bauch zu kriechen. Sie brauchen sie auch nicht mit ganzen Litaneien unaufrichtiger und offensichtlich falscher Komplimente zu überhäufen. Lassen Sie andere einfach nur wissen, daß Sie ihre guten Punkte erkennen. Sie werden sich an Sie erinnern.

Mein Freund Peter brachte sein Auto zur Reparatur. In der Werkstatt bestand er darauf, den Besitzer zu sprechen. Der Besitzer kam und fragte sich zweifellos, was er wohl falsch gemacht habe. Peter sagte ihm: "Ich wollte Sie persönlich sprechen, um Ihnen zu sagen, daß dies die schönste Reparaturwerkstatt ist, die ich je gesehen habe. Sie ist so sauber und gut organisiert. Es ist eine Freude, hierher zu kommen, und es spricht wirklich für Sie."

Der Mann war wie erschlagen. Zwanzig Jahre lang hatte er sich mit Leib und Seele seiner Werkstatt verschrieben, und niemand hatte ihm je gesagt, sie sei schön.

Manchmal wirken die Menschen verlegen oder unbeholfen, wenn Sie ihnen Komplimente machen. Seien Sie aber versichert, daß sie innerlich strahlen. Es wundert mich, daß so viele schöne Frauen so wenig Komplimente erhalten. Es kommt oft vor, daß sie mich voller Unglauben anschauen, wenn ich sage: "Sie haben so ein schönes Gesicht" oder "Machen Ihnen viele Leute Komplimente wegen Ihrer schönen Augen?" Alle denken, sie wüßten doch sowieso, daß sie schön sind, also sagt es ihnen nie jemand.

Warum Lob immer wirkt

Oberflächlich gesehen mögen andere so wirken, als seien sie sehr selbstbewußt, voller Vertrauen und mit sich selbst zufrieden; wenn man sich aber mit einem erfolgreichen, gutaussehenden, eindrucksvollen Menschen unterhält, sieht dieser sich nicht wirklich so. Er hat mit seinem inneren Selbst zu tun, das manchmal nervös ist, sich oft Sorgen macht und vielleicht unorganisiert ist. Er kennt den Teil seiner Persönlichkeit, der sich nie gut genug fühlt und der sagt: "Ach hätte ich doch nur blaue Augen, wäre drei Zentimeter größer und hätte in meinem Leben nicht so viele Fehler gemacht."

Wenn Sie diesem Menschen deshalb etwas für Sie so Offensichtliches sagen wie: "Sie haben doch so viel Erfolg. Sie können stolz auf Ihre Errungenschaften sein", kommt ihm das wie eine frische Brise vor. Und er schwebt über den Wolken.

Lob aus zweiter Hand

Eine weitere Möglichkeit, andere zu loben, besteht in dem Lob aus zweiter Hand: Man erzählt einem Menschen die guten Dinge, die man über ihn gehört hat. Die Menschen sind immer hoch erfreut, wenn sie erfahren, daß ihre Freunde und Verwandten gut über sie reden.

Lob aus zweiter Hand ist auch sehr wirksam, wenn man den Dienst eines anderen zum ersten Mal in Anspruch nimmt. Wenn Sie einen Arzt, einen Drucker, einen Mechaniker, einen Gärtner brauchen, fragen Sie wahrscheinlich einen Freund, ob er Ihnen jemanden empfehlen kann.

Nehmen wir an, jemand ist Ihnen empfohlen worden, dann ist ein guter Anfang für eine Freundschaft gegeben, wenn Sie ihm sagen, wieviel Gutes Sie über ihn gehört haben. Dadurch sichern Sie sich auch hervorragende Leistungen:

"Otto sagte mir, Sie seien der beste Mechaniker in der Gegend ..."

"Mein Chef sagt, Sie wüßten mehr über diese Maschinen als jeder andere ..."

"Ihre Mutter sagte mir, Sie seien der beste Arzt im ganzen Land ..."

Erstens freuen sie sich über diese Anerkennung, und zweitens wollen sie dann ihrem Ruf gerecht werden.

Des Pudels Kern

Die Menschen dürsten nach Anerkennung. Wenn Sie beschließen, die guten Seiten der Menschen zu sehen und womöglich Komplimente zu machen, fühlen sie sich wunderbar, und das gibt auch Ihnen selbst Auftrieb.

Teddy

Der Konrektor meiner Schule war ein Mann namens Edward Gare. Er war nur ungefähr einsfünfzig groß. Er hatte einen dicklichen Körper und ein rundes, rotes Gesicht. Er war allgemein unter dem Beinamen "Teddybär" bekannt.

Er unterrichtete das siebte Schuljahr, und den Kindern in Teddys Klasse widerfuhr Merkwürdiges: Sie begannen zu arbeiten. Ich will damit sagen: wirklich zu arbeiten! Elfjährige arbeiteten aus freien Stücken oft vier oder fünf Stunden am Abend! Es war ein Phänomen. Ich erlebte Teddys Zauberkunst ein Jahr lang und lernte, wie er diese außergewöhnlichen Ergebnisse zustande brachte. Aber für diejenigen, die nie bei Teddy Unterricht hatten, schien es, als verzaubere er seine Schüler.

Er war kein besonders unterhaltsamer Lehrer. Er war weder ein Witzbold, noch war er ein besonders guter Akademiker. Aber Teddy wußte, wie man Kinder lobt; er wußte, wie er uns ermutigen konnte; er kümmerte sich um uns. Teddy gab uns kleine Fleißkarten für besondere Anstrengung, Fleißkarten für gute Arbeit, Goldsterne, Marken. Er nahm sich Zeit für uns. Er gab nicht einfach eine Eins oder eine Zwei. Er schrieb seine eigenen "Aufsätze" unter unsere Aufsätze, in denen er uns erklärte, was wir gut gemacht hätten und was noch besser werden könnte.

Die meisten Kinder in Teddys Klasse wurden zum ersten Mal in ihrem Leben richtig gelobt. Teddy rührte uns alle an, sogar die Gröbsten und Abgehärtetsten unter uns.

Ich erinnere mich, wie mein Bruder Christopher verkündete, wenn er je in Teddys Klasse käme, würde er keinen Finger krümmen. Er sagte uns: "Ich werde Teddy doch nicht aus der Hand fressen!" Wie das Schicksal es wollte, kam Chris tatsächlich in Teddys Klasse. Und bald saß er sechs Stunden pro Abend an seinen Hausaufgaben, und am Schuljahresende hatte er es zu mehr Fleißkarten gebracht als jeder andere Schüler in der Geschichte der Schule.

Die Ergebnisse, die Teddy erzielte, waren eine beständige Bestätigung der Macht des Lobens. Er erzielte Resultate, weil ihm wirklich an uns lag, er liebte uns Kinder, und er fand immer irgendwo etwas Gutes.

Sich mit anderen unterhalten

Unsere Lebensaufgabe besteht nicht unbedingt darin, alle dazu zu bringen, uns zu mögen. Aber da Sie Ihr ganzes Leben lang auf Partys, beim Essen, bei der Arbeit, in der Schule und im Supermarkt anderen Menschen begegnen, ist es sinnvoll zu wissen, wie man leicht mit anderen ein Gespräch anknüpfen kann.

Die Menschen fühlen sich in Ihrer Gesellschaft wohl, wenn sie das Gefühl haben, daß Sie ihnen ein bißchen ähneln. Wenn es Gemeinsamkeiten gibt. Wenn sie sich mit Ihnen identifizieren können und das Gefühl haben, verstanden zu werden. Sie sprechen gern mit Ihnen, wenn sie einen Blick auf Ihre menschliche Seite erhaschen.

Am Beispiel von Rednern lernen wir viel über Kommunikation. Denken Sie zuerst an den schlimmsten Redner, den Sie je hörten, und wie dieser so geschickt seine ganze Zuhörerschaft loswurde ...

Fritz Dussel erhebt sich von seinem Sitz, um das Wort an die Menge zu richten. Er beginnt: "Es ist mir eine große Freude, hier zu sein ..." (Sie sagen sich: Oh, bitte nicht diese alten Klischees.)

"Ich bin öffentliches Reden nicht gewohnt und ahem, ahh ... werde versuchen, Sie nicht zu langweilen." (Sogar er selbst gibt zu, daß er schlecht ist!)

"Wenn ich über meine lange Berufslaufbahn nachdenke ..." (Jetzt spricht er über sich selbst!)

"Ich wurde 1923 geboren ..." (Nicht doch ! Nicht doch! Jetzt bekommen wir seine ganze Lebensgeschichte serviert!)

"... Zu dieser Zeit war meine Familie ..." (Und seine Familiengeschichte!)

Eine Stunde später: "... Ich sehe, ich habe nicht mehr viel Zeit ..." (Himmel hilf!)

"... In dieser letzten halben Stunde ..." (Nicht doch! Warum tut denn keiner etwas dagegen? Wie wärs zum Beispiel mit einer Kugel?)

"... möchte ich über mich selbst reden ..." (Das halte ich nicht mehr aus! Ich gehe!)

Diese Typen langweilen uns zu Tränen. Sie identifizieren sich nicht mit uns, sie reden zu viel über sich selbst, sie lachen kaum über sich, und sie machen sich so viele Gedanken über den Eindruck, den sie hinterlassen, daß sie Angst davor haben, ehrlich und originell zu sein.

Gute Redner tun genau das Gegenteil. Sie beziehen sich auf ihre Zuhörerschaft und finden gemeinsame Interessen, Erfahrungen und Ängste. Gute Redner sind so damit beschäftigt, sich selbst treu zu sein, daß sie keinen Gedanken an den Eindruck verschwenden, den sie hinterlassen, und sie sehen die spaßige Seite der Dinge.

Dieselben Regeln gelten, ob Sie nun mit einer Person sprechen oder mit eintausend. Sie brauchen sie nicht mit Ihrem Intellekt und Ihrer Redegewandtheit zu blenden. Wenn Sie a) *Gemeinsamkeiten finden,* b) *Interesse zeigen* und c) *menschlich sind,* werden Sie sich ganz leicht mit fast jedermann unterhalten.

Gemeinsamkeiten finden

Wenn Sie anderen zum ersten Mal begegnen, fragen diese sich, ob Sie ihnen ähneln. Es ist Ihre Aufgabe, Ähnlichkeiten zu finden.

Menschen, die andere auf Distanz halten, suchen immer nach Unterschieden. Ihre Botschaft lautet: "Ich bin reicher, erfolgreicher und interessanter als du. Mein Auto ist besser als dein Schrotthaufen, ich will mich noch nicht einmal über dich unterhalten, und ich stimme dir sowieso in gar nichts zu ..."

Unterhaltungen mit solchen Menschen verlaufen ungefähr so:

Sie sagen: "Die Lachspaste schmeckt wunderbar."

Die anderen sagen: "Ich bekomme einen Ausschlag von Lachs."

Sie sagen: "Ich fahre diesen Sommer nach Frankreich."

Die anderen sagen: "In Frankreich ist mein Hund umgekommen."

Sie sagen: "Dieses Wochenende gehe ich zum Skifahren."

Die anderen sagen: "Beim Skifahren brach ich mir das Bein."

Sie wenden sich ab und denken: "Warum sollte sich jemand wohl mit einem solchen Menschen unterhalten wollen?"

Gemeinsamkeiten mit anderen zu finden ist ein Geschick, das sich wie jede andere Fertigkeit erlernen läßt. Es bedeutet oft, die einfachen Dinge zu finden. Es bedeutet, daß man sich bemüht, etwas von sich mitzuteilen, und so aufmerksam ist, daß man gemeinsame Interessen entdeckt.

Interesse zeigen

Erinnern Sie sich an das letzte Mal, als Sie sich mit jemandem unterhielten und dabei den Eindruck hatten, der Gesprächspartner sei nicht besonders an einem Gespräch mit Ihnen interessiert? Machte Sie das ärgerlich? Wir müssen daran denken, daß andere Menschen auch merken, wenn wir nicht besonders an ihnen interessiert sind.

Interesse wirkt anziehend. Wenn wir lebhaft an jemandem interessiert sind, ist es meist kein Problem, die Unterhaltung in Gang zu halten. Unser Interesse läßt uns unsere eigenen Angelegenheiten vergessen. Wir fragen uns nicht länger: "Was sage ich denn als nächstes?" Es gibt dann keine dieser langen, peinlichen Pausen, in denen Sie beide sich im Zimmer umschauen, nach der Uhr blicken und übereinstimmend bemerken, das Wetter sei in letzter Zeit sehr schön gewesen.

Interesse zeigen bedeutet uns in die Lage der anderen zu versetzen, unsere eigenen Erfahrungen beiseite zu lassen und zu sagen: "Erzähl mir deine Geschichte."

Wenn Sie sich nicht die Mühe machen wollen, Interesse zu zeigen, ist es wohl besser, sich zu verabschieden! Suchen Sie sich Gesellschaft, die Sie wirklich mögen, oder nehmen Sie ein Bad, lesen Sie ein Buch, – das ist besser, als einen ganzen Abend mit Menschen zu verbringen, an denen Ihnen nichts liegt, nur um den Schein zu wahren. Wenn Sie sich schon mit Menschen unterhalten, warum Ihnen dann nicht gleich Ihre ganze Aufmerksamkeit widmen?

Zuhören

Wenn wir schon von Aufmerksamkeit sprechen, sollten wir auch über das Zuhören reden. Achtundneunzig Prozent der Menschen suchen verzweifelt nach jemandem, der ihnen wirklich zuhört. Wenn Sie sich das nächste Mal mit jemandem unterhalten, achten Sie einmal darauf, ob er Ihnen auch wirklich zuhört. Nimmt er jedes Ihrer Worte in sich auf, oder schaut er ständig über Ihre Schultern hinweg, blickt nach der Uhr, spielt mit den Münzen in seiner Tasche oder betrachtet intensiv die Vorhänge?

Wiederholt er ab und zu das Gesagte, um sicher zu sein, daß er Sie richtig verstanden hat, oder wartet er nur darauf, daß Sie den Mund schließen, um endlich selbst zu Wort zu kommen?

So sicher wir Essen und Trinken brauchen, so sicher brauchen wir Freunde, die wirklich zuhören. Was Seneca im Jahre 4 v. Chr. sagte, klingt für uns heute so wahr wie vor zweitausend Jahren:

"Höre mich an, einen Tag, eine Stunde, einen Augenblick,
Daß ich nicht verscheide in meiner schrecklichen Einöde, meiner
einsamen Stille! Oh Gott, gibt es denn keinen, der mir zuhört?"

Ich habe das Privileg, mit Hunderten von Teilnehmern meiner Seminare eine bestimmte Hörübung durchzuführen. Sie geht folgendermaßen: Die Übung wird paarweise durchgeführt. Person A darf drei Minuten lang reden, Person B hört drei Minuten lang intensiv zu. Während A spricht, darf B überhaupt gar nichts sagen. Keine Unterbrechung, kein "Ja, ich auch". Kein Kratzen, nichts als reines Zuhören. Dabei halten die Partner einen sanften Blickkontakt.

Am Ende der ersten drei Minuten werden die Rollen vertauscht: B spricht und A hört aufmerksam zu. Jeder darf viermal reden und viermal zuhören.

Das hört sich auf dem Papier wie eine einfache Übung an, doch erstaunt mich die Reaktion der Teilnehmer immer wieder aufs neue. Die meisten Leute bemerken: "In meinem ganzen Leben hat man mir noch nie so zugehört!" Zahllose Ehepaare vertrauten mir an: "So haben wir einander schon seit dreißig Jahren nicht mehr zugehört!"

Fremde, die sich noch nie zuvor begegneten, verkünden spaßeshalber: "Wir sind ineinander verliebt!", nachdem sie einander nur fünfundzwanzig Minuten lang zugehört haben.

Denken Sie darüber nach. Gefällt es Ihnen, wenn Ihnen jemand seine ganze Aufmerksamkeit schenkt? Ist es nicht ein besonderes Erlebnis, wenn ein anderer sich die Mühe macht, das Leben durch Ihre Augen zu sehen? Nun, Ihr nächster Gesprächspartner empfindet zweifellos dasselbe. Die Menschen da draußen sehnen sich nach jemandem, der ihnen mit ungeteilter Aufmerksamkeit zuhört. Wenn Sie die Menschen positiv beeinflussen wollen, versuchen Sie einmal, ihnen mit hundertprozentiger Aufmerksamkeit zuzuhören. Das macht Sie in den Augen der anderen zu einem ganz besonderen Menschen.

Zuhören, ohne zu urteilen

Sprechen Sie mit einem Partner aus einer Beziehung, die in die Brüche geht, dann hören Sie Bemerkungen wie: "Wir sprechen nicht mehr miteinander ... In unserer Beziehung mangelt es an Austausch ... Mein Vater hört mir einfach nicht zu ..."

Wiederum lautet das immer wieder auftauchende Thema "Zuhören". Für die Menschen, die wir lieben, ist besonders wichtig: Nicht nur, daß wir zuhören, sondern daß wir zuhören, ohne zu urteilen. Wir sind alle so verletzlich. Wir brauchen zumindest *einen* Menschen, mit dem wir unsere größten Sorgen teilen können, einen Menschen, der sagt: "Ich liebe und akzeptiere dich, wie du bist, ganz gleich was auch kommt." Wenn wir befürchten, daß andere, wenn wir unsere Gefühle aufdecken, "Du bist ja widerlich" oder "Du solltest dich schämen" sagen, teilen wir uns nicht mit und bewegen uns allmählich von einander weg. Es ist oft gar keine Notwendigkeit für den Zuhörer vorhanden, seine *Meinung* kundzutun. Es reicht schon, daß wir unsere Gefühle einem anderen menschlichen Wesen gegenüber ausdrücken können, das uns Sympathie zeigt.

Zu seinem Wort stehen

Es heißt, die Menschen ließen sich in drei Gruppen aufteilen: "Die wenigen, die etwas tun, die vielen, die zuschauen, wie es geschieht, und die anderen, die noch nicht einmal wissen, daß etwas geschieht!"

Hier ist ein Teil der Formel, mit der Sie der ersten Gruppe beitreten können: Halten Sie sich an das, was Sie zu tun ankündigten! Die meisten Leute tun es nicht. Sie sagen alles mögliche und stehen dann nicht zu ihrem Wort.

Wie oft hören Sie andere sagen: "Ich rufe Sie an", ohne daß sie anrufen. Oder: "Ich werde etwas für meine Fitneß tun", wobei sie ständig dicker werden. Oder: "Ich helfe dir, wenn ich kann", obwohl Sie wissen, daß das nie geschieht. Wie oft sagen die Menschen: "Ich werde meine Rechnung bezahlen", und Sie sehen sie nie wieder?

Wenn wir zu unserem Wort stehen, geschehen eine Reihe von Dingen:

- Andere vertrauen uns.
- Wir denken nach, bevor wir uns auf etwas einlassen.
- Wir sind anderen gegenüber ehrlicher.
- Es fällt uns leichter, unerwünschte Situationen zu vermeiden.
- Wir entwickeln mehr Selbstannahme.

Wenn Sie selbst nicht auf das achten, was Sie sagen, achten andere nicht auf Sie. Wenn Sie nicht an sich glauben, glauben andere auch nicht an Sie. Im allgemeinen spüren wir, ob man sich auf jemanden verlassen kann oder nicht. Das bedeutet, es ist auch umgekehrt so. Die Menschen spüren, aus welchem Stoff Sie gemacht sind.

Wie werden Sie also zu einem Menschen, der zu seinem Wort steht? *Sie treffen Ihre Wahl, bekennen sich dazu und halten sich daran.*

Wenn die Nachbarn Sie auf ein Glas Wein einladen und Sie bei sich denken: "Lieber wäre ich tot, als dorthin zu gehen!", dann sagen Sie nicht: "Mit Vergnügen! Hoffentlich kann ich es einrichten." Seien Sie lieber ehrlich und sagen Sie: "Danke für die Einladung, aber ich werde heute nachmittag nicht kommen können."

Seien Sie in dieser und ähnlichen Situationen taktvoll, respektieren Sie Ihre Wünsche, stellen Sie Ihren Fall dar und fühlen Sie sich nicht schuldig, wenn Sie für sich einstehen.

Wenn Sie nicht wissen, wo Sie sein werden oder was Sie gerade tun werden, versprechen Sie nichts. Seien Sie offen. Viele Menschen leben im Märchenland, denken nie eine Sache zu Ende und stellen sich selbst keine harten Fragen wie: "Wie werde ich dafür bezahlen?" oder "Will ich mich wirklich darauf festlegen?"

In Fällen, in denen andere Sie auf etwas festlegen wollen, Sie aber echt unsicher sind, ob Sie helfen können oder nicht, machen Sie keine Versprechungen. Am besten sagt man dann: "Ich weiß es noch nicht, aber wenn ich komme, rufe ich Sie an." Es ist besser, so vorzugehen und später mit der guten Nachricht anzurufen ("Ich werde da sein"), als "Ich werde da sein" zu sagen und später mit der schlechten Nachricht anrufen zu müssen.

Die Menschen wollen Stärke sehen

Die Menschen sehen es gerne, wenn jemand stark ist. Obwohl sie Sie manchmal einer Prüfung unterziehen, hoffen sie doch oft, jemanden zu finden, der eine Überzeugung hat. Ihre Nachbarn, Freunde, Kollegen wollen, daß Sie stark sind – so viele Menschen sind wie Blätter im Wind.

Wenn Sie sich auf einen neuen Diätplan stürzen, versuchen sie, Sie mit Cremetorte zu verführen, und doch hoffen sie insgeheim, daß Sie bei Ihrem Vorsatz bleiben.

Insbesondere Kinder bewundern starke Menschen, Menschen, die sich an einmal gemachte Versprechungen oder Drohungen halten. Ziehen Sie eine Grenze, und Ihr Kind übertritt sie. Es testet, wer der Stärkere ist (in der Hoffnung, daß *Sie* das sind).

Das Gefühl, sie hätten die Lage in der Hand und könnten tun, was sie wollen, ist für Kinder sehr unangenehm. Sie brauchen dringend jemanden, der Regeln aufstellt und deren Einhaltung durchsetzt. Manchmal fluchen und schimpfen sie, machen Sachen kaputt, schreien, toben, stehlen und reißen aus, alles in der Hoffnung, daß ihnen jemand eine Grenze setzt.

Die Menschen bewundern Sie, wenn Sie fest bleiben, auch wenn sie nicht unbedingt mit Ihnen übereinstimmen.

Des Pudels Kern

Jedesmal, wenn Sie sich nicht an Ihre Ankündigung halten, untergraben Sie Ihre Autorität. Natürlich ist es in Ordnung, ab und zu seine Meinung zu ändern. Meistens müssen wir uns jedoch beweisen, daß wir die Kontrolle über unser Leben haben, indem wir Wort halten.

Je mehr Sie sich an einmal eingegangene Verpflichtungen halten, desto stärker werden Sie.

Um auf andere einen Einfluß auszuüben, müssen Sie an das glauben, was Sie sagen, und sich an Ihr Wort halten.

Die Menschen wollen Respekt

Manchmal bereiten uns Ladenbesitzer, Nachbarn, Schwiegereltern (und Ehemänner oder -frauen) Schwierigkeiten. Wir geben uns redliche Mühe, mit ihnen auszukommen, doch sie sind anscheinend hoffnungslos unvernünftig!

In diesem Kapitel vermitteln wir einige Strategien, mit deren Hilfe Sie Auseinandersetzungen vermeiden und die Menschen auf Ihre Seite bringen können. Wenn Sie an Konfrontationen wirklich Spaß haben, überspringen Sie diese Seite am besten – oder lesen Sie sie und machen dann genau das Gegenteil!

Stellen Sie sich die folgenden Situationen vor:

- Sie schieben im Supermarkt Ihren Einkaufswagen zur Kasse. Als Sie gerade dort ankommen, drückt sich eine Frau mit einem vollen Einkaufswagen ohne Entschuldigung an Ihnen vorbei.

  Dadurch werden Sie jetzt ungefähr zwei Minuten aufgehalten. Wahrscheinlich ärgern Sie sich ein bißchen, aber ärgern Sie sich über die verlorenen zwei Minuten oder über den Mangel an Rücksichtnahme?
- Sie sind auf einer Party. Ein alter Bekannter bemerkt Sie, nimmt sich aber nicht die Zeit, "Hallo" zu sagen. Sie ärgern sich wieder. Warum?
- Als Ihnen im Restaurant der Salat serviert wird, merken Sie, daß die Salatblätter am Rand schon braun sind. Sie machen den Kellner darauf aufmerksam, und der schlägt vor: "Schneiden Sie doch die braunen Stückchen ab, das bringt Sie schon nicht um!" Wenn Sie sich jetzt ärgern, ist es dann deshalb, weil Sie einen Bissen Salat verloren haben?

Es ist nicht die zweiminütige Verzögerung, nicht das "Hallo" und nicht das Bißchen Salat, das uns aufregt. Es ist die Behandlung, die uns zuteil wird. *Wir ärgern uns in den meisten Fällen aus einem anderen Grund, als wir annehmen.* Wir ärgern uns, sind beleidigt, es wird uns heiß, wenn wir das Gefühl haben, den anderen gleichgültig zu sein. *Wir wollen respektiert werden. Alle wollen respektiert werden.*

Wir machen alle dieselben Fehler

Es mag offensichtlich erscheinen, daß wir alle respektiert werden wollen, und die meisten von uns wissen das. Die Schwierigkeiten setzen ein, wenn es zu Auseinandersetzungen kommt. Dann zählen wir eine *Entschuldigung* nach der anderen auf, rechtfertigen unser Tun und vergessen den Respekt für die anderen.

Stellen Sie sich vor, Ihr Partner habe Sie angerufen und ausdrücklich darum gebeten, auf dem Heimweg die Sachen aus der Reinigung abzuholen. Die Tatsachen sind:

a) Normalerweise holt Ihr Partner die Sachen aus der Reinigung.

b) Ihr Partner regt sich leicht auf.

c) Sie kommen ohne die gereinigten Sachen zu Hause an.

d) Ihr Partner regt sich auf.

Täuschen Sie sich nicht. Ihr Partner ist wahrscheinlich weit mehr darum besorgt, ob Ihnen auch an ihm liegt, als er tatsächlich wegen der vergessenen Sachen beleidigt ist. So wie die Dinge liegen, wird Ihnen die folgende Liste an Entschuldigungen oder Reaktionen in Ihrer Beziehung nicht weiterhelfen:

a) "Ich hatte auch ohne die Reinigung genug um die Ohren!"

b) "Was für ein Tag! Schwierigkeiten mit dem Chef, mit dem Auto, mit den Kunden, Geldprobleme – und du regst dich über das dumme Paket aus der Reinigung auf!"

c) "Ich vergaß, daß ich es abholen sollte."

d) "Ich habe ganz vergessen, daß ich verheiratet bin."

e) "Die Sachen soll der Teufel holen!"

All diese Bemerkungen enthalten eine ähnliche Botschaft: "Meine Bedürfnisse sind wichtiger als deine" und "Ich bin wichtiger als du!" Das ist ein gefährliches Gebiet. Ihr Partner beschließt dann sofort, daß Sie "nicht zu helfen bereit" sind, daß Sie "nur an sich selbst denken" und, das wichtigste: *daß Ihnen nichts an ihm liege.* Plötzlich stehen Sie am Rand der Scheidung, und alles nur wegen dieser unwichtigen Reinigungsgeschichte.

"Aber", sagen Sie, "ich hatte an diesem Tag wirklich Schwierigkeiten mit meinem Chef." Oder: "Jemand stahl an diesem Tag tatsächlich die Räder meines Wagens." Oder: "Ich verlor tatsächlich meine Brieftasche. Das sind Tatsachen! Warum verhält sich diese Person so unvernünftig?"

Sie ist unvernünftig, weil die Menschen nicht an Tatsachen interessiert sind, zumindest nicht in erster Linie. Sie wollen wissen, daß Sie sich kümmern! Sie wollen Mitgefühl. Sie wollen Respekt. Wenn sie wissen, daß Ihnen wirklich etwas an ihnen liegt, hören sie sich vielleicht die Tatsachen an; aber erst wollen sie sicher sein, daß sie Ihnen wichtig sind.

IM SUPERMARKT...
KASSE
SIE HABEN SICH VORGEDRÄNGT! WARUM WARTEN SIE NICHT, BIS SIE DRAN SIND?
ICH HABE 8 KINDER IM AUTO UND STEHE IM PARKVERBOT!
WO SIE PARKEN IST MIR EGAL!
SIE EGOISTISCHE ZIEGE!
SIE BLÖDE, ALTE SCHACHTEL!
BONK!
EINEN SCHÖNEN TAG NOCH!
MATTHEWS

Erinnern Sie sich zum Beispiel an die Geschichte vom vergilbten Salat im Restaurant. Sie wollen keine Tatsachen hören. Sie wollen vom Kellner nicht erzählt bekommen: "Wir sind heute zu beschäftigt, um die braunen Stückchen abzuschneiden." Oder: "Pech gehabt, Sie haben eben das letzte Stückchen vom letzten Salatkopf erwischt." Sie wollen Respekt: "Gnädige Frau, ich kann verstehen, daß Sie sich darüber aufregen. An Ihrer Stelle ginge es mir ähnlich. Ist es in Ordnung, wenn ich Ihnen einen frischen Salat bringe? ... Ist sonst alles in Ordnung?" Würden Sie sich bei einer solchen Behandlung nicht besser fühlen?

Wie können Sie Respekt erweisen? Folgen Sie ein paar einfachen Regeln.

1. **Hören Sie zu.** Nichts bringt sonst ganz vernünftige Menschen schneller an den Rand von Gewalttätigkeiten als das Gefühl, daß Sie nicht zuhören. Zuhören bedeutet Respekt. Zuhören gibt anderen das Gefühl, wichtig zu sein. Halten Sie Blickkontakt, während die anderen berichten, wie sie sich fühlen.

2. **Seien Sie einfühlsam.** Lassen Sie die anderen wissen, daß Sie ihre Gefühle nachvollziehen können: "Du mußt dich wirklich ärgern, daß ich dich das eine Mal, als du mich darum batest auszuhelfen, im Stich ließ. Es muß so aussehen, als sei es mir gleichgültig."

3. **Identifizieren Sie sich.** Schaffen Sie Gemeinsamkeiten: "Im umgekehrten Fall fühlte ich mich genau wie du." Oder: "Ich verstehe gut, daß du dich aufregst. Mir ginge es genauso."

4. **"Was noch?"** Wenn sie sich ausgesprochen haben, sagen Sie: "Gibt es noch etwas, das ich wissen sollte?" Verärgerte Menschen sind immer freudig überrascht, wenn Sie fragen: "Gibt es noch etwas, das ich wissen sollte?" Sie sind so daran gewöhnt, daß die andere Partei immer versucht, sie zum Schweigen zu bringen. Wenn sie spüren, daß Sie ihnen so viel Zeit lassen, wie sie nur wollen, verpufft ihre Aggression, und sie hören wahrscheinlich sofort auf, Sie anzugreifen.

5. **"Was wollen Sie von mir?"** Wenn die Menschen Sie für gleichgültig halten und Sie fragen: "Was kann ich für Sie tun?", sagen sie wahrscheinlich so etwas wie: "Bringen Sie die Sache sofort in Ordnung, auch wenn Sie dazu bis ans andere Ende der Stadt gehen müssen." Oder: "Stürzen Sie sich doch vom nächsten Hochhaus."

Wenn die gereizte Person jedoch fühlt, daß Sie sich wirklich kümmern, lösen sich oft alle Forderungen auf. Sie hören: "Es ist wirklich nicht so wichtig." Oder: "Ich kann es wohl selbst in Ordnung bringen." Versuchen Sie es einmal. Es ist überraschend. In einem Moment drohen sie Ihnen, Sie bis aufs Hemd zu verklagen, und im nächsten Augenblick sagen sie: "Vergessen wir das!"

Vor kurzem besprach ich diese Prinzipien in einem Vortrag. Einige Tage später begegnete ich einem der Teilnehmer, Georg, der diese Ratschläge in der Zwischenzeit angewendet hatte.

Georg besaß ein Möbelgeschäft, und er hatte an jenem Tag einem Kunden Möbel geliefert. Es war aber zwei Tage nach dem versprochenen Liefertermin gewesen. Der Käufer kam ihm wutentbrannt und kampfeslustig entgegen: "Was fällt Ihnen ein! Sie sagten, Sie kämen zwei Tage früher!"

Georg widerstand seinem normalen Drang, nach Entschuldigungen zu suchen, und sagte einfach: "Wenn ich Möbel bestellt hätte und diese zwei Tage zu spät ankämen, wäre ich auch sehr aufgebracht." Der Mann beruhigte sich sofort. "Nun ja", sagte er, "es hätte wohl schlimmer sein können."

Georg sagte mir: "Es war verblüffend. Als ich nicht versuchte, mich herauszureden, und ihm zu verstehen gab, daß ich seine Lage verstand, veränderte sich seine Einstellung sofort. Jetzt fürchte ich mich plötzlich nicht mehr vor aufgebrachten Leuten."

Diese Prinzipien lassen sich in der Theorie leichter anwenden als in der Praxis. Auch wenn Sie glauben, das Prinzip verstanden zu haben, wollen Sie sich bestimmt trotzdem noch rechtfertigen, einfach aus reiner Gewohnheit. Tun Sie es nicht! Oder warten Sie zumindest damit, bis der andere weiß, daß Sie mit ihm mitfühlen.

Wann kann ich denn Entschuldigungen vorbringen?

Manchmal sind Gründe und Fakten angebracht. Zum Beispiel. "Ich komme zu spät, weil mein Auto gestohlen wurde." Aber das sollte *nach* dem Zeigen des Mitgefühls erfolgen: "Liebling, du mußt wirklich außer dir sein, daß ich zwei Stunden zu spät zu unserer Hochzeit komme." Die Regel lautet: *Zuerst Mitgefühl, dann Entschuldigungen.*

Des Pudels Kern

Beim Umgang mit verärgerten Leuten sind *Fakten nutzlos. Anteilnahme und Respekt sind nützlich.* Es handelt sich mehr um eine veränderte Einstellung als um eine bestimmte Technik. *Hören Sie zu, drücken Sie Ihr Mitgefühl aus, zeigen Sie Respekt,* und achtundneunzig Prozent der Menschen machen Ihnen wenig Schwierigkeiten.

Anderen mitteilen, was man fühlt

"Ich weiß, daß mein Mann sehr liebevoll und nett sein kann – unserem Hund gegenüber verhält er sich nämlich so."

Eine einsame Frau machte diese Bemerkung Leo Buscaglia gegenüber, und er zitierte sie in einer seiner Reden zum Thema Liebe. Es ist ein bißchen traurig, nicht wahr, daß ein Mann eine Frau heiratet mit dem Versprechen, "in guten und in schlechten Zeiten" zu ihr zu stehen, und seine Zuneigung dann seinem Schnauzer zukommen läßt.

Das Problem besteht oft nicht darin, daß uns nichts an den anderen liegt, sondern darin, daß wir unsere zärtlichen Gefühle nicht zeigen. Manchmal ist es unangenehm und peinlich, also warten wir und sagen nichts. Wir sagen uns: "Eines Tages werde ich meiner Mutter wirklich sagen, wie lieb ich sie habe." Manchmal warten wir, bis es zu spät ist.

Mein Freund Paul beschloß im Alter von 33 Jahren, seinem Vater zu sagen, wie sehr er ihn liebe. Ihre Beziehung war bis dahin etwas stürmisch gewesen, und Pauls Geschichte hört sich wunderbar an:

"Ich wollte meinem Vater sagen, daß ich das, was er im Laufe der Jahre für mich getan hatte, wirklich zu schätzen weiß. Ich wollte ihn wissen lassen, daß ich dankbar dafür war, daß er mich immer von den Pfadfindern abgeholt hatte, dankbar, daß er mir immer beim Fußballspielen zugesehen hatte und daß er zwei verschiedene Stellen annahm, um mir das Studium zu ermöglichen. Ich wollte ihm sagen, daß ich ihn trotz allem sehr mag.

Er wohnt nur fünfzig Meilen entfernt. Aber ich fürchtete mich davor, es ihm direkt zu sagen. Ich war sogar zu feige, es ihm am Telefon zu sagen. Also beschloß ich, ihm einen Brief zu schreiben: 'Lieber Vater! Ich weiß, wir haben in letzter Zeit einige Probleme miteinander gehabt und zum Beispiel seit fünf Jahren nicht mehr miteinander gesprochen...', und ich fuhr fort, ihm zu sagen, daß ich ihn trotz unserer Differenzen sehr liebe und bewundere. Ich schrieb ihm all die Dinge, die ich ihm nicht sagen konnte, und schickte den Brief ab.

Einige Tage später kam ein Telefonanruf. Mein Vater war am Apparat: 'Paul, ich bin es, Vater. Wir haben deinen Brief erhalten. Hier ist Mutter.' Diese Unterhaltung war zwar kurz, war aber immerhin ein Anfang!

Einige Wochen später beschloß ich, hinzufahren und meinem Vater beim Bocciaspielen in seinem Club zuzusehen. Er hatte mir jahrelang beim Sport zugesehen, und ich dachte mir, nun könne ich ihm einmal zusehen. Nach dem Spiel nahm er mich mit ins Clubhaus und stellte mich einigen seiner Freunde vor. Er stellte mich dem Typen vor, der am nächsten stand, und dieser sagte: 'Paul! Sie sind derjenige, der den Brief geschrieben hat!' Der nächste, dem ich vorgestellt wurde, sagte: 'Freut mich, Sie kennenzulernen. Sie müssen derjenige sein, der den Brief geschrieben hat.' Raten Sie einmal, was der nächste sagte: 'Sie müssen derjenige sein, der diesen Brief geschrieben hat.' Es waren ungefähr dreihundert Leute im Club, und es schien so, als wisse jeder von dem Brief, den ich meinem Vater geschickt hatte. Womöglich hatte er ihn an die Anschlagtafel geheftet oder in den Clubnachrichten veröffentlicht! Ein Mann sagte mir: 'Ich besitze zwei Millionen Dollar, und für einen solchen Brief von meinem Sohn würde ich jeden einzelnen Penny davon hergeben.'"

Paul sagt: "Mein Vater und ich begannen nun, die Wochenenden miteinander zu verbringen, miteinander in Winterurlaub zu gehen; unsere Beziehung war ganz verändert. Früher konnte ich nicht mit ihm reden. Jetzt umarmt er mich jedesmal wie ein Bär, wenn wir uns sehen."

Wenn wir unsere Gefühle eingestehen und die Menschen wissen lassen, daß uns an ihnen liegt, riskieren wir etwas. Es braucht Mut. Wie bei allen Risiken ist der mögliche Lohn groß. Die Menschen, die wir lieben, müssen es gesagt bekommen. Sie wollen versichert sein. Jemand fragte einmal: "Wann ist die beste Zeit, um seiner Frau zu sagen, daß man sie liebt?" Die Antwort lautet: "Bevor es ein anderer tut."

Jim Rohn weist darauf hin: "Worte sind kein Ersatz für Handlungen, aber umgekehrt stimmt das genauso. Handeln ist kein Ersatz für Worte." Frank arbeitet pro Woche achtzig

Stunden, um seine Familie zu ernähren und zu kleiden, und sagt: "Sie sollten doch wissen, daß ich sie liebe! Sieh doch nur, wie schwer ich arbeite! Sicher muß ich es ihnen nicht auch noch sagen!" Doch Frank, du mußt es ihnen sagen. Sie wissen es wahrscheinlich nicht.

Maja sagt: "Meine Mutter sollte doch wissen, daß ich ihr dankbar bin." Nun, vielleicht sollte sie es wirklich wissen, aber wahrscheinlich weiß sie es nicht. Die Menschen sind keine Gedankenleser. Streicheln Sie auf jeden Fall den Hund, aber streicheln Sie auch Ihre Lieben. Was bei Hunden wirkt, wirkt auch bei Menschen! Loben Sie sie oft, klopfen Sie ihnen auf die Schulter, umarmen Sie sie, sagen Sie ihnen, daß Sie sie lieben. Hunde bekommen von diesen Dingen nie genug. Ihre Frau ... oder Ihr Mann ... oder Geliebter ..., wie immer der Fall auch liegen mag, auch nicht.

Des Pudels Kern

Auch wenn wir glauben, die anderen wüßten, wieviel uns an ihnen liegt, wissen sie es gewöhnlich doch nicht. Manchmal sind wir so sehr damit beschäftigt, ihnen zu demonstrieren, daß wir sie lieben, daß wir vergessen, es ihnen zu *sagen.* Wir alle wollen, daß man es uns sagt – und zwar *oft.*

"Ich will es ihnen schon sagen, weiß aber nicht wie"

Bestimmt kennen Sie Menschen, die sagen: "Ich möchte den anderen schon sagen, daß ich sie liebe, aber ich wäre dazu viel zu verlegen. Ich wüßte nicht, was ich sagen oder wie ich mich ausdrücken soll, und dann halten sie mich womöglich für dumm." Falls Sie zu diesen Menschen gehören, wollen Sie vielleicht den folgenden Text benutzen. Er ist für Sie geschrieben, und Sie können ihn jemandem zeigen, den Sie gern haben ...

Für dich von mir

Ich möchte, daß du diesen Abschnitt liest. Ich lese gerade dieses Kapitel über "Den Menschen sagen, daß uns an ihnen liegt", und das betrifft dich und mich. Ich gehöre zu den Menschen, denen es schwerfällt, "Ich liebe dich" zu sagen. Ich nehme wohl immer an, daß du es weißt und daß ich es nicht zu sagen brauche. Ich will mich auch nicht unbeholfen anhören oder verlegen, deshalb neige ich dazu, dir nicht zu sagen, wie ich mich fühle. Die Wahrheit ist, daß ich dich sehr liebe und mich glücklich schätze, daß du zu meinem Leben gehörst. Diese kleine Mitteilung kommt vielleicht unerwartet. Vielleicht bist du überrascht, daß sie aus einem Buch kommt! Jetzt, da ich es dir auf diese Weise gesagt habe, hoffe ich, daß ich dir öfter *"Ich liebe dich"* sagen kann. Ich möchte, daß du das weißt. Jetzt kannst du mir mein Buch zurückgeben.

Die Menschen brauchen Raum

"Singet und tanzet zusammen und seid fröhlich,
doch lasset einander auch allein sein,
gleich wie die Saiten der Laute allein sind,
selbst wenn sie schwingen zur selben Musik."

Kahlil Gibran

Auch wenn die Menschen Sie sehr lieben, wollen sie doch manchmal einfach in Ruhe gelassen werden. Manchmal vergessen wir, daß wir alle Individuen sind, die ihren eigenen Raum brauchen, und wenn unser Partner beschließt, etwas für sich allein zu unternehmen, empfinden wir das als Zurückweisung:

Fritz sagt zu Maria: "Ich gehe zum Angeln."

Maria fragt: "Alleine?"

Fritz: "Ja, manchmal bin ich gerne allein."

"Warum? Was habe ich getan?" Maria fühlt sich verletzt.

"Nichts. Ich liebe die Einsamkeit."

"Kann ich nicht mitkommen und die Einsamkeit mit dir genießen?"

"Maria! Ich will doch einfach allein sein."

"Aber ich bin doch deine Frau!"

"Ja, und ich liebe dich, aber ich möchte auch angeln gehen."

"Wenn du mich liebtest, würdest du mich zum Angeln mitnehmen."

"Maria, laß das doch!"

"Ich habe etwas falsch gemacht, und du sagst es mir nicht!"

"Du hast nichts falsch gemacht. Ich brauche nur ab und zu ein bißchen Raum."

"Ich glaube, du willst mich loswerden."

"Nein, wirklich nicht ..."

Wenn Maria so weitermacht, wird Fritz bald zum Angeln gehen, um von ihr loszukommen!

Die meisten von uns brauchen Zeit für sich allein, um ihren Kopf zu klären, Gedanken durchzudenken, Strategien zu formulieren, in der Natur zu sein und die Dinge in die richtige Perspektive zu rücken. Manchmal ist es nur deshalb nötig, damit uns jemand fehlt und wir uns von neuem wieder in ihn verlieben können.

Wenn Sie sieben Tage in der Woche mit einem Menschen zusammenleben, macht er Sie an einem bestimmten Punkt allmählich verrückt ... Er vergißt zum dritten Mal in einer Woche, die Sachen aus der Reinigung abzuholen, ist den ganzen Morgen am Telefon, und Sie finden seine abgeschnittenen Zehennägel schon wieder am Rand der Spüle – dann wissen Sie, daß Sie etwas Raum für sich brauchen.

Des Pudels Kern

Wir müssen feinfühlig für die Bedürfnisse anderer sein. *Manchmal kommt man am leichtesten mit jemandem aus, wenn man sich entfernt!*

Kapitel 5

Mit anderen (besser) auskommen

Oft schätzen uns die anderen für das, was wir ungesagt lassen.

Was besser ungesagt bleibt

"Da ich wirklich sprachgewandt bin, sagte ich nichts."
Robert Benchley

Angela bekommt von ihrem Mann einen Diamantring geschenkt. Sie ist sehr gerührt. Es ist ein romantischer Augenblick. Sie schaut ihm tief in die Augen und sagt: "Liebling, er ist wunderschön. Ich finde ihn wunderbar. Ich werde ihn immer in Ehren halten!" Er erwidert ihren Blick und sagt: "Das will ich hoffen! Er hat mich ein verdammtes Vermögen gekostet!"

Blieben manche Dinge nicht besser ungesagt? Eine der vielleicht wichtigsten Lektionen im Leben besteht darin, den Mund zu halten. Wenn unser Kommentar nicht dazu beiträgt, die Dinge in Ordnung zu bringen oder anderen ein gutes Gefühl zu vermitteln, sollte er besser verschrottet werden.

Manche Dinge wollen andere einfach nicht hören. Andere Menschen wollen nicht hören, wie Sie über Ihren Mann schimpfen. Sie wollen nichts über Ihre verstopfte Nase und Ihren schmerzenden Rücken erfahren und auch nicht davon hören, daß Ihr Konto immer tiefer in die roten Zahlen gerät oder wie oft Sie letzte Nacht zur Toilette gingen.

Wenn Sie das nächste Mal über irgend etwas jammern wollen, dann fragen Sie sich: "Warum sollte jemand das wohl hören wollen?"

Wie käme ein James Bond bei Ihnen an, der sich ständig über seine Frostbeulen beklagte? Was wäre, wenn *Superman* über das Wetter und den Preis von Waschmitteln jammerte? Verlöre er dadurch nicht ein bißchen Charisma? Dasselbe gilt für uns. Wir bewundern die außergewöhnlichen Menschen, die es fertigbringen, in schwierigen Lebenslagen zu lächeln. Wir schätzen diejenigen, die Enttäuschungen meistern, ohne einen Anfall zu bekommen.

Wenn Sie ständig jammern, haben Sie keinen Stil, auch wenn Sie mehrere akademische Titel haben, nach der neuesten Pariser Mode gekleidet sind und in den vornehmen Stadtteilen wohnen. Wenn Sie je auf jemanden Eindruck machen wollen – auf Ihren Chef zum Beispiel oder Ihren Freund –, warten Sie auf eine Katastrophe und gehen Sie dann klaglos damit um. Man wird Sie bemerken! So wenige Leute tun das. Die anderen werden von Ihrer Stärke beeindruckt sein und Sie in Ihre Mannschaft aufnehmen wollen.

Zum Thema Schimpfen und Jammern ist hier eine abgekürzte Liste von Dingen, die die Menschen *nicht* hören wollen:

a) "Ich habe Kopfschmerzen."

b) "Mein Mann hat die ganze Nacht geschnarcht."

c) "Ich bin pleite."

d) "Es geht im Leben nicht gerecht zu. Die Leute sind immer gemein zu mir."

e) "Meine Hühneraugen machen mir wieder zu schaffen."

f) "Dein Geburtstagsgeschenk hat mich ein Vermögen gekostet."

g) "Ich bin schlechter Stimmung."

h) "Ich hasse mich, ich bin häßlich, ich bin langweilig ..."

i) "Ich habe die Grippe, und du bekommst sie auch."

j) "Am Freitag geht die Welt unter."

Die Menschen wollen auch kein "Du hättest eben ... sollen" hören. Finden Sie es nicht unangenehm, wenn Ihnen jemand einen unerbetenen Rat gibt, nachdem es sowieso zu spät dafür ist?

Sie kaufen sich in Bozos Boutique einen Anzug und erzählen es Ihrem Bruder. "Ist er nicht toll? Nur 699 DM!" Das ist der Augenblick, in dem er sagt: "Schade, ich hätte dir so einen für 300 Mark besorgen können."

Ich habe eine Freundin, die – wenn ich sie anrufe – sich darüber beschwert, daß ich sie nie anrufe: "Warum rufst du mich nie an? Weißt du, wie lange du schon nicht mehr angerufen hast? Du rufst nie an. Warum rufst du mich nie an?" Raten Sie einmal, warum ich sie nie anrufe.

Noch mehr Beispiele für die Liste "Hättest du doch ...", die die Menschen nicht brauchen:

a) "Du hättest es eben *so* machen sollen."

b) "Du hättest dein Haus letzte Woche / letztes Jahr verkaufen sollen."

c) "Du hättest gestern hier sein sollen."

d) "Du solltest es wie ich machen und dir Arbeit besorgen, abnehmen, das Rauchen aufstecken, in die Kirche gehen ..."

e) "Du hättest es mir sagen sollen."

f) "Du solltest dich schämen."

Mein Vater wußte immer, was besser ungesagt blieb. Ich erinnere mich daran, wie ich als Achtzehnjähriger für ein Einkaufszentrum Schilder malte. Der Tag war windig, und um das Dach zu erreichen, benutzte ich eine sehr lange und schwere, ausziehbare Leiter. Ganz in der Nähe parkten einige Autos. Zufällig kam mein Vater vorbei und machte sich die Mühe, auf das Dach zu klettern und zu sagen: "Dieser Wind könnte die Leiter umblasen, wenn du nicht gerade auf ihr stehst. Wenn sie auf die Autos fällt, kostet das ein Vermögen. An deiner Stelle würde ich sie festbinden."

Ich beschloß, er sei nicht an meiner Stelle, und band sie nicht fest. Ungefähr fünf Minuten später stand ich mit dem Rücken zur Leiter auf dem Dach. Ich hörte einen lauten Krach, und als ich mich umdrehte, sah ich meine Leiter über der Motorhaube eines Toyota liegen. Das Auto war ein Trümmerhaufen, und es kostete mich ein Vermögen.

Als ich meinem Vater davon erzählte, sagte er nicht: "Du hättest eben tun sollen, was ich dir riet" oder "Du bist ein Idiot." Er nickte nur. Er wußte, daß ich meine Lektion gelernt hatte. Er schien immer zu wissen, daß es manchmal besser ist, nichts zu sagen.

Des Pudels Kern

Wir müssen nicht immer etwas sagen. *Oft schätzen die anderen uns mehr für das, was wir ungesagt lassen.*

Nicht beleidigt sein

Reife Menschen regen sich nicht über böse Bemerkungen anderer auf. Von Zeit zu Zeit testen uns die Menschen mit Bemerkungen wie "Du überarbeitest dich ja nicht gerade!" oder "Du ißt aber viel!" oder "Wir wissen ja, daß du ihn seines Geldes wegen geheiratet hast." Manchmal werden diese Dinge aus Eifersucht gesagt, häufiger jedoch, um eine Reaktion hervorzurufen. Was immer das Motiv, die beste Reaktion besteht darin, einfach zu lächeln und entweder gar nichts zu sagen oder der Person zuzustimmen!

Wenn Ihr Nachbar Sie also das nächste Mal in einem neuen Auto sieht und sagt: "Sie arbeiten nichts, werden aber reichlich dafür bezahlt", lächeln Sie einfach und sagen: "Ist das nicht wunderbar?" Sie brauchen nicht zu erklären, wieviel Verantwortung Sie zu tragen haben und wieviele Überstunden Sie machen. Sie brauchen sich nicht zu rechtfertigen. Lächeln Sie. Lassen Sie es durchgehen.

Wenn Ihre Schwägerin stöhnt: "Ihr macht ständig Ferien", stimmen Sie ihr zu: "Ja, wir gehen gerne in Ferien!" Wenn der Vetter Fritz sagt: "Na, mit diesem Swimmingpool habt ihr nicht schlecht Geld verschwendet", lächeln Sie und sagen: "Gewiß! Ich hasse billige Schwimmbecken!" Lassen Sie sich nicht aufbringen. Es ist nichts gewonnen, wenn Sie den Vetter Fritz, Ihre Schwägerin oder alle anderen angreifen.

Wenn Sie unterrichten oder Vorträge halten, läßt es sich nicht vermeiden, daß Sie auf Zwischenrufer stoßen, die persönliche Bemerkungen machen. Wieder ist die beste Art des Umgangs mit Aufwieglern, ihnen gutmütig zuzustimmen. Wenn der Kerl in der letzten Reihe Ihren Rechtschreibfehler bemerkt und stichelt: "Man sollte doch annehmen, daß der Redner rechtschreiben kann, nicht wahr?", lächeln Sie und sagen: "Stimmt. Das sollte man wirklich annehmen, nicht wahr?" Sie gehen unter, wenn Sie versuchen, sich vor einer Menschenmenge zu verteidigen! Stimmen Sie entweder zu oder legen Sie sich ein selektives Gehör zu und bleiben Sie bei dem Thema, über das Sie reden wollten.

Des Pudels Kern

Nur kleinmütige Menschen machen böse Bemerkungen, und nur kleinliche Menschen lassen sich beleidigen. Seien Sie ein erwachsener Mensch.

Streitereien vermeiden

"Lassen Sie sich nie auf Streitereien mit Schweinen ein – Sie werden dabei nur schmutzig, und die Schweine haben Spaß daran."

General Abrams

Haben Sie je einen Abend lang mit jemandem diskutiert und hatten dann das Gefühl, den ganzen Abend vergeudet zu haben? Fühlen wir uns nicht in Wirklichkeit nach Auseinandersetzungen häufig so?

Auseinandersetzungen sind weder gut noch schlecht, sie sind eben Auseinandersetzungen, aber sie können eine Menge Zeit in Anspruch nehmen, und je mehr Sie versuchen, jemanden von seiner Meinung abzubringen, desto unwahrscheinlicher wird es, daß er seine Meinung tatsächlich ändert!

Warum Menschen streiten

Es gibt drei Hauptgründe, warum Menschen zu Streitereien neigen:

1) Die Menschen sind wirklich darauf aus, Veränderungen zu erzielen. (Dies sind die Reformer.)
2) Sie wollen bemerkt werden. (Versuchen, Aufmerksamkeit auf sich zu lenken.)
3) Sie sind verärgert und streitlustig. (Die Kämpfer)

Wenn Sie es mit Menschen zu tun haben, die durch Argumente Veränderungen erzielen wollen (Reformer), ist es wohl angebracht, sie unter Einsatz der im letzten Kapitel beschriebenen Fertigkeiten anzuhören. Wenn Sie es aber mit Kämpfern oder Menschen zu tun haben, denen es nur um die Aufmerksamkeit geht, zahlt es sich aus, wenn man die Lage erkennt und beschließt, sich nicht auf dieses Spiel einzulassen.

Aufmerksamkeitshascher streiten rein um der Aufmerksamkeit willen. Sie wissen, daß sie bemerkt werden, wenn sie anderen Leuten heftig widersprechen. Wer als Mensch erfolgreich ist, wählt Liebe und Zuneigung und nicht verbale Auseinandersetzung; aber wenn es uns an Selbstbewußtsein mangelt, lenken wir die Aufmerksamkeit gerne durch Auseinandersetzungen und Wutanfälle auf uns.

Teenager, die straffällig wurden, handeln nach diesem Prinzip. Sie wenden, wenn sie Telefonzellen zerstören und die Nachbarschaft kaputtschlagen, eine Strategie an, die besagt: "Ihr liebt mich vielleicht nicht, aber früher oder später könnt ihr mich einfach nicht länger ignorieren!" Mißhandelte Ehefrauen (und -männer) verfahren nach derselben Weise: "Du liebst mich vielleicht nicht, aber wenn du mich schlägst, dann werde ich wenigstens beachtet."

Andere Aufmerksamkeitshascher wählen ein weniger dramatisches Vorgehen. Sie kennen diese Typen: Man sitzt zu sechst beim Abendessen. Als das Hauptgericht, nämlich Brathuhn, zur Hälfte verspeist ist, sagt die Frau, die Ihnen gegenübersitzt, es sei kein Brathähnchen, sondern geschmortes Schnabeltier. Sie selbst wissen, daß es ein Hähnchen ist. Sie haben es schließlich selbst zubereitet! Warum streiten? Nicken Sie, lächeln Sie und wechseln Sie das Thema.

Es wird immer Menschen geben, die sagen "Es ist grün", wenn es gelb ist, "Es ist heiß", wenn es kalt ist, "Es ist alt", wenn es neu ist, oder "Der Sänger ist Bing Crosby", wenn Sie wissen, daß es Michael Jackson ist, der da im Radio singt. Tun Sie sich den Gefallen und lassen Sie ihnen ihren Glauben. Sie brauchen sie nicht gegen ihren Willen erziehen. Lassen Sie es gut sein.

Kämpfer geraten gewöhnlich in Auseinandersetzungen, weil sie über etwas verärgert sind, das gar nichts mit Ihnen zu tun hat. Auch hier brauchen Sie sich nicht darauf einzulassen. Es ist sehr einfach, die Menschen in Ihrem Leben so zu trainieren, daß sie sich Ihnen gegenüber höflich verhalten: Lassen Sie sich einfach auf nichts ein, solange sie brüllen und toben.

Wenn Ihr Nachbar Obszönitäten ins Telefon brüllt, legen Sie sachte den Hörer auf. Wenn Ihr Haus zum Schlachtfeld wird und der Rest der Familie sich im Zweikampf verbissen hat, machen Sie einen Spaziergang im Park. Sie können zu den Friedensverhandlungen wieder zurücksein. Es gibt kein Gesetz, das besagt: "Wenn andere Menschen sich den Nachmittag verderben wollen, mußt du es ihnen gleich tun."

Sie bringen den Menschen bei, wie Sie behandelt werden wollen, indem Sie die Grenze setzen ... "Ich mag es nicht, wenn man mich anschreit. Ich habe euch nichts mehr zu sagen, bis ihr aufhört, die Möbel durchs Wohnzimmer zu werfen." Dann gehen Sie weg.

Übereinstimmung ist nicht immer notwendig

Es gibt zu Hause und bei der Arbeit Fälle, in denen es notwendig ist, daß entweder alle einer Meinung sind oder bestimmte Anordnungen ausgeführt werden. Zu diesen Zeiten mag es notwendig sein, daß Sie Ihren Standpunkt zur Debatte stellen oder die Regeln festlegen.

Aber es gibt auch zahllose Fälle, in denen eine allgemeine Übereinkunft nicht wichtig ist, in denen es nicht von Bedeutung ist, ob andere Ihnen zustimmen; Gelegenheiten, bei denen es unwichtig ist, wer "recht" und wer "unrecht" hat.

Zu diesen Zeiten ist das Leben einfacher, wenn wir *den Menschen gerne ihre eigene Meinung zugestehen.*

Sie denken jetzt vielleicht: "Theoretisch hört sich das gut an, aber wie kann man nicht streiten, wenn uns jemand heftig widerspricht?" *Sie erlauben den anderen fröhlich, anderer Ansicht zu sein! Und Sie beschließen, daß andere denken können, was sie wollen, ohne daß Ihnen das viel ausmacht.*

Vom Säuglingsalter an verzehren wir uns nach der Unterstützung derer um uns. Wir verhalten uns häufig nach der Formel: "Wenn du mir nicht zustimmst, schreie ich, bin ich beleidigt, schlafe ich nicht, werfe ich mit Sachen um mich und gerate ich ganz aus der Fassung!"

Wenn wir unsere persönliche Philosophie als Erwachsene nicht ändern, verhalten wir uns fünfundzwanzig Jahre später vielleicht immer noch nach den gleichen Richtlinien: Wenn du mir (meiner Fußballmannschaft, meiner Religion, meinen politischen Ansichten, meinem Glauben) nicht zustimmst, schreie ich, bin ich beleidigt, kann ich nicht schlafen, betrinke ich mich und gerate ich ganz aus der Fassung – und womöglich werfe ich sogar mit Sachen um mich!

Wenn andere uns nicht zustimmen, kommt unsere Unsicherheit zum Vorschein. Und das ruft häufig eine Reaktion in uns hervor. Wenn wir uns aber von der Zwangsvorstellung befreien, daß jeder die Dinge auf unsere Art sehen muß, ist oft kein Grund für Auseinandersetzungen vorhanden.

Stellen wir uns vor, Sie haben gerade Ihr Auto verkauft und ich halte den Betrag, den Sie dafür bekommen haben, für absurd gering. Ich komme also anspaziert und sage: "Du bist schön blöd, daß du dein Auto so billig verkauft hast!"

Also sagen Sie: "Was weißt du denn schon?"

Also sage ich: "Ich verstehe mehr von Autos als du!"

Sie sagen: "Du Besserwisser!"

Ich sage: "Ich weiß, daß du dich gerade um fünftausend Mark gebracht hast!"

Sie sagen: "Kümmere dich gefälligst um deine eigenen Angelegenheiten!"

Und ich sage: "Du bist ein ...!"

Und schon sind wir in der Falle und mitten in einer Streiterei, wir verlieren die Fassung, der Blutdruck steigt. Stellen wir uns nun vor, daß Sie mir meine Meinung zugestehen, während Sie bei der Ihren bleiben. Die Unterhaltung verläuft dann vielleicht so:

"Du bist schön blöd, das Auto so billig zu verkaufen!"

"Du hältst mich für blöde?"

"Und ob."

"Nun, wenn du das glaubst, dann respektiere ich das. Ich bin zufälligerweise anderer Meinung, aber ich respektiere dein Recht auf deine eigene Meinung."

In den meisten Fällen reicht es, wenn man Auseinandersetzungen vermeiden will, aus, der anderen Partei Raum für ihre eigene Meinung zuzugestehen. Sobald wir vom Versuch, unsere Ansicht durchzusetzen, Abstand nehmen, bestehen die anderen nicht auf ihrer.

Jetzt könnte man sagen: "Aber wenn uns jemand angreift und wir uns im Recht fühlen, kann man doch nicht einfach dasitzen und das akzeptieren. Man muß sich doch verteidigen!" Warum sollte man sich verteidigen? Sie können es niemals allen gleichzeitig recht machen. Sie können Besseres mit Ihrer Zeit anfangen, als andere gegen deren Willen zu bekehren. Noch einmal: Lassen Sie sie bei ihrem Glauben.

Des Pudels Kern

Merzen Sie beim Umgang mit Aufmerksamkeitshaschern und Kämpfern die Auffassung aus, die besagt: "Wenn jemand nicht mit mir übereinstimmt, ist es meine Aufgabe, ihn umzustimmen." Versuchen Sie es mit der Philosophie: "Wenn jemand nicht mit mir übereinstimmt, ist es meine Aufgabe, ihm seine eigene Meinung zuzugestehen." Das Leben wird dadurch viel leichter.

Andere nicht ins Unrecht setzen

"Sei, wenn du kannst, weiser als die anderen Menschen;
aber laß sie das nicht wissen."
Lord Chesterfield

Einer der sichersten Wege, angegriffen, ausgezankt, verachtet und beschimpft zu werden, besteht darin, Menschen ins Unrecht zu setzen. Sie hassen das, und das bedeutet im allgemeinen: Sie hassen Sie! Jeder will recht haben. Wenn Sie ihnen "Du hast unrecht" sagen, legen sie Ihren Worten im allgemeinen ihre eigene Interpretation bei. Oft fügen sie Ihren Worten die Bedeutung "Du hast nicht recht, also bist du unzulänglich" hinzu. Wenn es wichtig ist, daß die andere Person Ihren Standpunkt achtet oder sich an Ihre Anweisungen hält, suchen Sie nach einer Alternative.

"Ich respektiere Ihre Meinung – meine ist etwas anders ..."

"Meine Erfahrung stimmt mit der Ihren nicht überein ..."

"Ich habe viel Respekt für Ihre Meinung, aber in diesem Punkt stimme ich nicht mit Ihnen überein ..."

"Ich sehe, daß das für Sie die Wahrheit ist; für mich ist die Wahrheit ..."

Die Menschen fechten Duelle aus, ziehen in den Krieg, investieren ihr Vermögen, töten andere Menschen, um zu beweisen, daß sie recht haben! Recht haben ist eine ernste Angelegenheit. Wenn Sie eine freundliche Übereinkunft erzielen wollen, sprechen Sie von "Ansichten", "Vorstellungen", "unterschiedlichen Erfahrungen" und nicht von "richtig" oder "falsch".

Irrtümer eingestehen

Es ist widersinnig: Wir suchen den Respekt anderer zu gewinnen, indem wir darauf beharren, recht zu haben, und verlieren ihn dabei doch. Wir fürchten, den Respekt der anderen zu verlieren, wenn wir zugeben, daß wir uns geirrt haben – und gewinnen ihn dadurch oft.

Wann immer wir bereit sind, einen Irrtum einzugestehen, bewundern die Menschen unseren Mut und sind mitfühlend, und doch hassen wir es meist, Fehler einzugestehen.

Ich selbst habe auch nicht gerade einen überwältigenden Rekord im Eingestehen von Irrtümern, aber ich arbeite daran. Ich hoffe, daß mir das Schreiben dieses Kapitels den Mut verleiht, es öfter zu tun. Ich habe aber entdeckt, daß ich mich wirklich erleichtert fühle, wenn ich Irrtümer eingestehe. Ich fand auch, daß es weder das Ende der Welt bedeutet, noch daß andere sich über mich lustig machen, wie sie das manchmal tun, wenn ich darauf bestehe, recht zu haben.

Es ist logisch, daß man Sie schätzt, wenn Sie bereit sind, andere manchmal recht haben zu lassen, wo doch jeder recht haben will.

Des Pudels Kern

Andere ins Unrecht setzen ist eine großartige Gelegenheit, sich Feinde zu schaffen. Zugeben, daß man im Unrecht ist, kann eine gute Möglichkeit für den Beginn einer Freundschaft sein.

Andere nicht demütigen

Wenn jemand Sie enttäuscht, haben Sie die Wahl. Sie können die betreffende Person kritisieren, demütigen und in Verlegenheit bringen, oder Sie können versuchen, das Problem in Ordnung zu bringen.

Beides zugleich ist selten möglich. Manche versuchen, beides zu schaffen. Zuerst machen sie sich die andere Person zum Feind: "Sie sind gedankenlos, nutzlos, unwissend, zu spät dran ..." Dann bitten sie um deren Unterstützung: "Und jetzt, nachdem ich Sie beschimpft habe, geben Sie mir mein Geld zurück, bringen Sie mein Auto in Ordnung, bringen Sie mir dieselbe Zuneigung entgegen wie früher!"

Auf diese Weise gelangt man schwer zu Erfolg! Wie aufgebracht wir auch sein mögen, wir müssen daran denken, daß ein Angriff auf andere die Möglichkeit sabotiert, daß sie uns weiterhelfen.

Wenn Sie Konfrontationen und ab und zu auch eine Kraftprobe mögen, ist das fein. Aber es hilft Ihnen nur selten dazu, ihr Ziel zu erreichen. Wenn Sie Menschen angreifen, halten diese Sie einfach für einen Grobian. Plötzlich möchten sie Sie gern leiden sehen, und wenn Sie auf ihre Mitarbeit angewiesen sind, bereiten sie Ihnen tatsächlich Unannehmlichkeiten.

Stellen Sie sich vor, Sie haben Ihr Auto auf der Straße geparkt. Als Sie zu Ihrem Fahrzeug zurückkommen, finden Sie, daß ein Volkswagen drei Zentimeter hinter Ihrer rückwärtigen Stoßstange parkt. Und Ihre vordere Stoßstange berührt fast einen Feuerhydranten. Sie haben keinen Platz zum Manövrieren.

Sie finden heraus, daß der Besitzer des Volkswagens in einem Büro in der Nähe ist. Sie marschieren ins Büro und sagen: "Ich suche nach dem Klotzkopf, der mich hinter dem Hydranten festgesetzt hat!" Wie ergeht es Ihnen damit? Vielleicht fährt er sein Auto freundlicherweise weg. Vielleicht versteckt er sich aber auch unter seinem Schreibtisch, erzählt Ihnen, er habe seine Autoschlüssel verloren, oder verlängert sein Telefongespräch um eine halbe Stunde, nur um Ihnen eins auszuwischen. Wenn Sie die besten Ergebnisse erzielen wollen, müssen Sie im Umgang mit Menschen nach dem Prinzip verfahren: Im Zweifelsfalle für den Angeklagten.

Sogar wenn Sie es mit Menschen zu tun haben, die Sie für Schwindler halten, bezeigen Sie ihnen Respekt und gehen Sie behutsam vor.

Stellen wir uns vor, Sie haben eine Stereoanlage gekauft. Beim Nachhausekommen stellen Sie fest, daß der Händler Ihnen einen billigeren Verstärker eingepackt hat als versprochen. Sie haben den Verdacht, daß er ein Gauner ist und Sie absichtlich betrog.

Wenn er Sie betrog und Sie ihn als Betrüger hinstellen, hat er nichts zu gewinnen, wenn er Ihnen das Gewünschte gibt. Sie haben ihn bereits "für schuldig befunden", also denkt er sich: "Wenn du mich einen Verbrecher nennst, dann werde ich mich auch wie ein Verbrecher benehmen!" Wenn Sie ihm jedoch die Möglichkeit einräumen, daß er sich geirrt hat, und sagen: "Ich weiß, es ist Ihnen peinlich festzustellen, daß Sie mir das falsche

Gerät einpackten", besteht die Chance, daß er die Dinge in Ordnung bringt. Sie suchen nach seiner besten Seite, also gibt er sich von seiner besten Seite.

(Außerdem wird er nicht sehr glücklich sein, wenn Sie ihn als Betrüger hinstellen, er Sie aber gar nicht absichtlich betrog. In jedem Fall lohnt es sich, persönliche Beleidigungen zu vermeiden.)

Wenn Sie aber nach dem Grundsatz "Im Zweifelsfalle für den Angeklagten" vorgehen und dadurch keine Ergebnisse erzielen, mag die nächste Strategie darin bestehen, hart zu werden! Wenn Sie aber hart werden, lassen Sie persönliche Angriffe beiseite. Es ist möglich, anderen gegenüber einen unerbittlichen Standpunkt einzunehmen und sie trotzdem respektvoll zu behandeln.

Des Pudels Kern

Die Menschen sind im allgemeinen gerne bereit, Ihren Erwartungen entgegenzukommen. Wenn Sie sie achten und höflich behandeln, werden Sie Ihrerseits respektiert. Wenn Sie auf die Mitarbeit anderer abzielen, seien Sie mit Ihrem Respekt großzügig. In den meisten Fällen kommen sie Ihnen entgegen, um Ihnen zu helfen.

Kritik

Woran man beim Kritisieren denken sollte:
a) Kritik wirkt nicht.
b) Die Menschen suchen die Schuld selten bei sich selbst.
c) Wenn Sie die Schuld bei anderen suchen, suchen diese die Schuld bei Ihnen!

Es ist o.k., wenn *ich* gelegentlich etwas an mir auszusetzen finde, aber wenn *Sie* das tun, ist es eine ganz andere Angelegenheit! Ist das nicht faszinierend? Es ist o.k., wenn *wir* kleine Fehler an unserer Einstellung, unserer Mutter, unserem Gesicht, unserer Stadt, unseren Freunden, unserer Figur finden, aber wenn ein anderer etwas daran auszusetzen hat, muß er sich in acht nehmen!

Kritik ist die schnellste Art, Unmut hervorzurufen und eine Beziehung zu zerstören. Unser Ego ist so verletzlich, daß starke Mißbilligung uns wie ein Vorschlaghammer trifft. Sobald man uns kritisiert, rechtfertigen wir uns, schieben wir die Schuld auf andere, schreien wir. Häufig gehen wir weg.

Wir Menschen haben die bemerkenswerte Fähigkeit, uns selbst als stets unschuldig zu sehen. Psychologen stellten fest, daß sogar die bösartigsten Mörder und Verbrecher glauben, die Schuld für ihre Taten sei nicht bei ihnen zu suchen. Wenn Sie die besondere Sicherheitsabteilung in Ihrem örtlichen Gefängnis entlangspazierten und die Vergewaltiger und Mörder interviewten, entdeckten Sie bald, daß diese entweder "unschuldig", "mißverstanden" oder beides zugleich sind und daß die Schuld für ihr Leiden bei jemand

anderem zu suchen ist. (Al Capone, einer der berüchtigtsten Gangster in Amerika, jammerte einmal darüber, daß er als Killer und Staatsfeind Nummer 1 abgestempelt werde, wo er doch nie etwas anderes getan habe, als zu versuchen, den Menschen zu helfen!)

Wenn sich nicht einmal Mörder und Betrüger für schuldig halten, was muß man dann von den Leuten denken, die Sie auf der Autobahn schneiden, und von den Kunden, die nie ihre Rechnungen zahlen? Sie sagen auch, es sei nicht ihre Schuld! Was immer es auch sei, die meisten Menschen halten es nicht für ihre Schuld. Ein weiterer Grund, weshalb Kritik nicht wirkt.

Kritik ist destruktiv. Wenn Ihre Sekretärin nicht viel leistet, wird sie durch Kritik noch fauler. Wenn Ihr Sohn das Bett näßt, macht Kritik ihn zu einem chronischen Fall. Kritik lähmt, verärgert und provoziert. Man bringt sich damit in Schwierigkeiten.

Wenn es ohne Kritik nicht geht ...

Loben Sie zuerst. Wenn ich zu Ihnen sage: "Sie sehen großartig aus. Ihr Haar ist makellos, Ihr Hemd und Ihre Hosen sind wirklich schön. Sie tragen die passenden Socken. Das einzige, was besser sein könnte, sind Ihre Schuhe. Ihre Schuhe sollten geputzt werden", wären Sie wahrscheinlich nicht beleidigt. Sie hätten das Gefühl, ich sei auf Ihrer Seite.

Lob ist der Zucker, der die Medizin verträglich macht. Die Menschen sind zarte Geschöpfe mit kurzem Gedächtnis. Sie können Ihrer Frau beim Frühstück sagen, daß sie der größte Lichtblick Ihres Lebens sei; seien Sie aber vorsichtig, wenn Sie um die Mittagszeit ihre Biskuitrolle kritisieren.

KANN ICH DIR ETWAS SAGEN?
SICHER!
DU REGST DICH NICHT AUF?
NATÜRLICH NICHT!
ANDREW MATTHEWS.
DU BIST NICHT BELEIDIGT?
NIEMALS!
NUN...
SAG DOCH!
ICH FINDE DICH ZU DICK!
WUMM!

Wenn Sie wollen, daß sie – "bevor der Tod euch scheidet" – noch einmal eine Biskuitrolle bäckt, dann lassen Sie sich besser ein paar poetische Äußerungen über die Pellkartoffeln einfallen, bevor Sie den Nachtisch kritisieren.

Wenn ich vom Lob spreche, dann meine ich aufrichtiges Lob. *Nicht Schmeichelei.* Sie können immer etwas finden, das Sie schätzen; lassen Sie die anderen das wissen. Lob ist im allgemeinen konkret: "Sie kamen sehr gut mit diesem Telefonanruf zurecht, und es gefiel mir, daß Sie sich nicht aus der Ruhe bringen ließen." Schmeichelei dagegen ist gewöhnlich mehr allgemein: "Sie sind eine großartige Sekretärin." Die Menschen kennen den Unterschied.

Gehen Sie davon aus, daß Sie sie an etwas erinnern. Unser Ego ist so geartet, daß es uns lieber ist, wenn wir an etwas erinnert werden, als daß man uns etwas sagt. Wenn Sie jemanden an etwas erinnern: "Hans, wahrscheinlich hast du auch schon bemerkt, daß ...", dann stellen Sie das Gedächtnis in Frage und nicht die Intelligenz. Den meisten Menschen ist es nicht peinlich, wenn ihr Gedächtnis nicht ganz perfekt ist, aber sie hassen es, wenn man sie als dumm hinstellt.

Deshalb finden Sie wahrscheinlich Sätze wie "Ich weiß, daß Sie das schon einmal gut gemacht haben. Ich glaube, es ist Ihnen zeitweilig entfallen ..." angebracht. Ein Satz wie: "Sie haben wahrscheinlich schon daran gedacht ..." hilft Ihnen klarzulegen, was Sie wollen.

Geben Sie das Problem für sich selbst zu. Der Stachel der Kritik besteht gewöhnlich in dem Gefühl, daß die andere Person sagt: "Ich bin besser als du."

Wenn ich zu Ihnen sage: "Sie kommen immer zu spät!", durchstöbern Sie dann nicht sofort Ihre Gedächtnisspeicher nach der Erinnerung, wie oft *ich* schon zum Essen, zur Arbeit, zum Abendessen, zu Frühstück, Kino, Kursen usw. zu spät gekommen bin? Das Problem ist nicht das Zuspätkommen; es ist das Gefühl, daß man herabgesetzt wurde.

Wenn Sie das Problem zugeben ("Einer der Fehler, an denen ich selbst arbeite, ist meine Unpünktlichkeit. Es fällt mir auf, daß Sie auch oft zu spät kommen ..."), dann ist es viel leichter akzeptierbar.

Des Pudels Kern

Wenn Ihnen an guten Beziehungen liegt und Sie im Umgang mit Menschen erfolgreich sein wollen, müssen Sie ein feines Gespür für deren Ego entwickeln. Seien Sie ehrlich und ermutigend. Wo es sich machen läßt, ...

... loben Sie, bevor Sie kritisieren;

... "erinnern" Sie die Menschen an Dinge, statt ihnen etwas vorzuschreiben;

... geben Sie zu, daß es auch *Ihr* Fehler ist;

... schauen Sie in die Zukunft, suchen Sie nicht nach Fehlern in der Vergangenheit.

Zuerst fragen!

Andrea "kochte" am Telefon: "Sie haben mir eine Rechnung für dieses Seminar geschickt, obwohl ich den Betrag bereits bezahlt habe. Ich habe Ihnen schon zweimal gesagt, daß ich Ihnen kein Geld schulde. Sie haben mich auf die Palme gebracht und meine Familie in Aufregung versetzt! Das wirft ein beschämendes Licht auf Ihr Geschäft! Ich werde weitere Schritte unternehmen." Sie war sehr wütend.

Bevor sie den Hörer auf die Gabel knallte, sagte ich: "Ich werde das überprüfen und melde mich wieder. Danke für den Anruf."

Fünf Minuten später rief eine sehr verlegene Andrea zurück: "Mein Mann hat gerade den Scheckabschnitt gefunden. Es ist mir so peinlich. Was soll ich sagen? Ich hätte schwören können, daß ich Ihnen mehr als nur die Anzahlung gab. Das ist wirklich schlimm ... "

Andrea war nicht nur so freundlich, zurückzurufen und sich zu entschuldigen, sie schickte uns sogar Blumen und Pralinen!

Veronika bekam einen Toaster zu Weihnachten. Der Toaster ging bereits in der ersten Woche kaputt. Sie war wütend. Sie marschierte ins Elektrogeschäft und verlangte Reparatur, forderte, es müsse etwas geschehen, und bestand auf einem Ersatz für den Toaster.

Im Geschäft schauten sie sich das Gerät an und sagten, sie kämen ihren Forderungen ja gerne nach, nur gebe es da eine Kleinigkeit zu bedenken: Der Toaster stamme aus dem Geschäft gegenüber.

Die Moral dieser Geschichten: Sichern Sie sich zuerst alle Informationen. *Sammeln Sie die Fakten, bevor Sie Ihren Mund aufmachen.* Bevor Sie Ihren Vermieter beschimpfen, dem Ladenbesitzer drohen, den Chef anbrüllen oder den Angestellten anschnauzen, sammeln Sie erst *alle* Fakten.

Zuerst Auskunft einholen erspart Ihnen Peinlichkeiten und den Gedanken: "Hätte ich mir doch lieber die Zunge abgebissen." Es vermittelt Ihnen auch Wissen, und Wissen ist Macht.

Wenn die Rechnung zu hoch ist

Wir hassen es alle, wenn die Rechnung zu hoch ist, und einige von uns können damit besser umgehen als andere. Paula ruft ihren Mechaniker an und sagt: "Sie sind ein Ausbeuter. Sie sind nichts als ein mieser Betrüger. Ich habe Ihnen nicht gesagt, Sie sollen die Gangschaltung ersetzen. Ich sehe Sie vor Gericht wieder. Ich habe Ihnen doch gesagt, Sie sollen nichts in Angriff nehmen, ehe Sie mit meinem Mann darüber gesprochen haben."

Der KFZ-Mechaniker sagt: "Ich sah Ihren Mann heute morgen. Ich habe seine schriftliche Erlaubnis direkt hier vor mir!"

In weniger als einer Minute stempelt Paula sich zum Idioten ab und macht sich ihren Mechaniker zum Feind.

Es ist wieder einmal klüger, zuerst die Fakten zu sammeln. Überprüfen Sie, wie die andere Seite die Transaktion versteht, wie sie sich daran erinnert und wie sie dazu steht. Verhalten Sie sich wie ein Rechtsanwalt vor Gericht und sammeln Sie das Beweismaterial, das Sie später vielleicht brauchen.

"Erinnern Sie sich an Ihren Kostenvoranschlag?"

"Erinnern Sie sich an unser Gespräch in bezug auf den Preis? Was sagten Sie da?"

"Haben Sie Unterlagen meiner Zahlungen bis zum gegenwärtigen Augenblick?"

"Haben Sie die Rechnung gesehen, die mir geschickt wurde? Sind Sie der Meinung, daß diese Rechnung stimmt?"

Ein paar intelligente Fragen schaffen das Problem oft aus dem Weg. Manchmal vergessen die Menschen ein Versprechen. Sobald Sie klargestellt haben, daß sie sich nicht erinnern, können Sie sagen: "Nun, ich erinnere mich. Es waren dreihundert Mark, und hier sind sie."

Wie Sie sicher schon bemerkt haben, können auch Rechnungen und Unterlagen Fehler enthalten. Wenn wir höflich fragen, bevor wir in die Schlacht ziehen, kann das viele Mißverständnisse aufklären und eine Menge Verlegenheiten ersparen.

Ähnlich verhält es sich, wenn andere nicht kommen, nicht liefern oder etwas nicht ausführen; Fragen sind Ultimaten vorzuziehen: "Erinnern Sie sich noch daran, was ich Sie fragte? ... Was Sie versprachen? ... Wessen Verantwortung das ist?"

Eine andere nützliche Art des Fragens lautet: *"Was wäre, wenn?"*

"Wenn ich beweisen könnte, daß die Rechnung zu hoch ist, was würden Sie dann tun?"

"Wenn ein Versehen Ihrerseits vorliegt, werden Sie auf meine Rechnung verzichten?"

Kluge Menschen stellen sich dumm und stellen viele Fragen. Wenn *Sie* reden, lernen Sie nichts. Bringen Sie die anderen zum Reden und hören Sie zu.

Bevor Sie den Mund öffnen, finden Sie heraus, ...

a) was sie wissen,

b) was sie glauben,

c) was sie tun werden.

Andere nützliche Fragen sind beispielsweise:

"Wie sehen Sie das?"

"Wie würden Sie sich an meiner Stelle fühlen?"

"Wie würden Sie sich an meiner Stelle verhalten?"

Des Pudels Kern

Machen Sie es sich zur Regel, jedesmal, wenn Sie mit jemandem verhandeln (und die meisten Interaktionen zwischen Menschen sind eine Art Verhandlung), *zuerst Fragen zu stellen.* Das erspart Ihnen Verlegenheit und stellt sicher, daß Sie von einer Position der Stärke aus sprechen.

Durch Fragen fordern Sie die Menschen auf, sich Ihrer Denkart anzuschließen; das ist taktvoller und erfolgreicher, als ihnen vorzuschreiben, was sie zu denken haben.

Seinen Standpunkt durch Fragen klarmachen ...

Niemand entläßt gerne Leute. (Oder sagen wir: fast niemand!) Wenn es notwendig ist, jemanden zu entlassen oder jemanden zurechtzuweisen, geht das durch Fragen gewöhnlich am besten.

Mein Freund Charlie kann sehr gut kommunizieren. Seine Sekretärin Jenny war recht sauertöpfisch veranlagt und stritt sich oft mit seiner Frau, die auch in seinem Büro arbeitete. Er beschloß, seine Sekretärin zu entlassen, und wollte ihr bei ihrer Entlassung zu verstehen geben, weshalb sie die Stelle verlor, und das Gespräch so schmerzlos wie möglich gestalten. Er berichtete mir den Dialog, und dieser veranschaulicht ausgezeichnet, wie er sein Ziel durch den gekonnten Einsatz von Fragen erreichte.

"Jenny, wie, würden Sie sagen, war Ihre Einstellung, seit Sie hier arbeiten?"

"Nicht die beste."

"Wir haben darüber schon einmal gesprochen, nicht wahr?"

"Ja, mein Mann macht mir Schwierigkeiten zu Hause."

"Sollten Sie diese hierherbringen?"

"Wohl besser nicht."

"Würden Sie sagen, Sie haben hier bei der Arbeit viel mit meiner Frau gestritten?"

"Ich glaube schon."

"Sehen Sie eine Besserung in dieser Hinsicht?"

"Ich glaube kaum."

"Sagen Sie mir – einmal angenommen, daß mein Ziel darin besteht, sowohl ein glückliches Büro als auch eine glückliche Ehe zu führen –, wer muß dann Ihrer Ansicht nach irgendwann einmal gehen?"

"Hm ..., ich?"

"Sehen Sie ein, daß Sie gehen müssen?"

"Ja."

"Dann sind wir also einer Meinung."

"Ja. Es ist besser, ich gehe."

Jenny entließ sich selbst. Charlie griff sie weder an, noch kritisierte er sie. Durch den gekonnten Einsatz von Fragen machte er ihr klar, daß sie gehen müsse.

Das ist eine Kunst. Sie können nicht einfach beliebige Fragen stellen, zum Beispiel: "Was würden Sie denn dazu sagen, wenn ich Sie entließe?" Wenn Sie Ihren Standpunkt klarstellen wollen, müssen Sie eine Vorstellung davon haben, wie die andere Person auf Ihre Fragen antwortet.

Ärger motiviert nicht

Es ist vollkommen in Ordnung, im Umgang mit anderen Menschen frustriert oder ärgerlich zu werden. Die Fähigkeit, Ärger auszudrücken, ist gesund. Aber wir sollten nicht in den Irrtum verfallen zu versuchen, andere dadurch zu *motivieren,* daß wir ärgerlich werden und sie anschreien.

Partner, Freunde, Angestellte und sogar unsere Kinder widersetzen sich uns manchmal absichtlich, bis sie merken, daß wir bereit sind, etwas zu unternehmen; "etwas unternehmen" kann hier alles mögliche bedeuten: eine Tracht Prügel, Entlassung, Verlassen, Verweis, Bestrafen, Privilegien streichen und so weiter.

Oft geschieht es folgendermaßen: Die Menschen ignorieren uns, bis sie wissen, daß es uns ernst ist. Wenn wir uns endlich dazu aufraffen, etwas zu *unternehmen,* sind wir bereits beim Brüllen und Toben angelangt. Wenn sie dann auf uns reagieren, kommen wir auf den Gedanken, Schreien sei wirkungsvoll. Es war aber in Wirklichkeit der Umstand, daß wir zur Tat schritten.

Beispiel: Mutter fordert Willi auf, sein Zimmer aufzuräumen. Willi weiß, daß es Mutter noch nicht ernst damit ist, und schaut sich weiterhin *Batman* an.

Mutter sagt es zum zweiten Mal: "Willi, bitte räume dein Zimmer auf." Willi weiß aus Erfahrung, daß er Mutter mindestens fünfundvierzig Minuten lang ignorieren kann.

Mutter spricht zum dritten Mal: "Willi, räum sofort dein Zimmer auf."

Willi beschließt, daß sie es immer noch nicht richtig ernst meint, und denkt sich: "Ich kann mindestens noch drei Minuten lang *Batman* anschauen."

"Willi, räum dein Zimmer auf!"

"Etwas bedrohlicher", denkt sich Willi, "aber immer noch nicht laut genug und noch nicht gefährlich." Willi bleibt beim Kreuzfahrer im Cape. In Mutters Kopf sammelt sich langsam der Dampf an. Willi beobachtet sie. Sie hat jetzt einen roten Kopf, brüllt aber noch nicht. Er denkt, es dauere noch ungefähr zwei Minuten, bis sie explodiert.

Eine Minute verstreicht, und die Mutter marschiert, einen hölzernen Kochlöffel schwingend, ins Wohnzimmer. Sie brüllt aus vollem Hals und schwingt den Kochlöffel: "Du gehst jetzt sofort in dein Zimmer, oder ich verprügele dich, bis ..."

Willi wartet nicht ab, bis sie zu Ende gesprochen hat – sie hat den Kochlöffel! Mutter schreitet zur Tat. Sie steht endlich zu ihren Drohungen. Jetzt ist Willi sehr verängstigt und leicht beeindruckt.

Die Mutter hat endlich das gewünschte Ergebnis erzielt und folgert: "Es sieht so aus, als müsse ich jedesmal brüllen, bevor ich hier etwas Hilfe bekomme." Es war aber nicht das Geschrei, es war der *Kochlöffel.*

Die Mutter hätte anders vorgehen können. Sie hätte Wilhelm von Anfang an direkt in die Augen schauen und sagen können: "Willi, es ist jetzt 16.15 Uhr. Du hast bis 17.30 Uhr Zeit, dein Zimmer aufzuräumen. Ich sage es dir nicht noch einmal. Ich werde mich weder aufregen, noch meine Stimme erheben. Wenn du dein Zimmer bis 17.30 Uhr (nach der Küchenuhr) aufgeräumt hast, weiß ich das zu schätzen. Wenn nicht, dann gibt es eine Woche lang kein Fernsehen. Hast du das verstanden? Hast du dazu irgendwelche Fragen?"

Wenn Mutter bereit ist, diese Bedingungen auch einzuhalten, wird Willi schnell lernen. Wenn Mutter zu nachlässig wird und ihm erlaubt fernzusehen, ohne daß er sein Zimmer aufräumt, kann es bald sein, daß sie wieder zur Kochlöffel- und Brüllmethode zurückkehren muß.

Erfolgreiche Menschen halten sich an das, was sie sagen. Sie sind bereit, zur Tat zu schreiten.

Wir gehorchen Polizisten, weil sie bereit sind, ihre Versprechungen wahr zu machen. Normalerweise schreien oder weinen Polizisten nicht viel. Sie brechen nicht zusammen, hämmern nicht auf das Pflaster ein, schreien, schluchzen, wimmern nicht und sagen auch nicht: "Ich habe es Ihnen heute schon siebzehn Mal gesagt und sage es Ihnen nun das allerallerletzte Mal. Stehlen Sie anderer Leute Besitztümer nicht." Ihre Botschaft lautet statt dessen: "Wenn du etwas stiehlst, verhaften wir dich."

Menschen, die respektiert werden und Ergebnisse erzielen, behalten ihre Selbstkontrolle. Premierminister, Präsidenten, Admiräle, Richter verstehen, daß Brüllen und Schreien die Leute nicht motiviert.

Des Pudels Kern

Weil wir manchmal nichts unternehmen, bis uns zum Schreien ist, glauben wir vielleicht, Geschrei motiviere die Menschen. Dem ist nicht so. Die Menschen nehmen uns ernst, weil wir etwas *tun,* nicht weil wir laut schreien können.

Die Regeln festlegen

Wenn das Leben ein Spiel ist, informiere die Menschen über die Spielregeln.

Fritz hat Probleme mit seinem Sohn Hans. Jede Woche sagt Fritz regelmäßig zu seinem Sohn Hans, er solle den Müll hinausbringen. Hans tut es oft nicht. Wenn Hans es nicht tut, weiß der arme Fritz nicht, was er machen soll. Er fragt sich: "Soll ich ihn verprügeln, soll ich ihn auf sein Zimmer schicken, sein Taschengeld streichen, oder soll ich versuchen, mit ihm darüber zu reden ...?"

Julia hat mit ihrer Sekretärin Karin ein ähnliches Problem. Sie bittet sie oft, bis zum Ende des Tages einen Stapel Korrespondenz fertigzustellen. Sie wissen beide, daß es keine unvernünftige Forderung ist, und doch scheint es, als werde die Korrespondenz nie rechtzeitig erledigt. Auch Julia hat also Probleme, und sie kann Karin weder einen Klaps geben noch sie auf ihr Zimmer schicken. Julia möchte eine gute Atmosphäre im Büro erhalten und weiß nicht richtig, wie sie die Dinge am besten angehen soll.

In solchen Situationen können die Beziehungen leiden. Wenn andere uns im Stich lassen und wir sie deshalb bestrafen, geraten sie außer sich. Sie sehen uns dann oft als bösartig, ungerecht und unvernünftig an.

Stellen Sie es von Anfang an klar

Die Lösung besteht im allgemeinen darin, den Kindern und der Sekretärin von Anfang an mitzuteilen, a) was Sie wollen; b) was geschieht, wenn sie es tun; c) was geschieht, wenn sie es nicht tun. Dies kann auf sehr freundliche Weise geschehen. Sehen wir uns an, wie Fritz mit Hans umgehen könnte:

Fritz: "Hans, ich möchte mit dir über dich und den Müll reden."

Hans: "Was?"

Fritz: "In diesem Haus hat jeder eine Aufgabe. Deine Aufgabe besteht darin, den Müll hinauszubringen. Hast du das verstanden?"

Hans: "Ja."

Fritz: "Ich möchte, daß du den Müll jede Woche hinausbringst. Wirst du das tun?"

Hans: "Ja."

Fritz: "Wenn du es tust, ist unser Haus sauber und ordentlich, du bekommst weiterhin dein Taschengeld, und ich mache dir nie Schwierigkeiten wegen des Mülls. Hast du das verstanden?"

Hans: "Ja. Kann ich jetzt gehen?"

Fritz: "Nein. Da ist noch etwas. Ich möchte, daß du weißt, daß du in der Woche, in der du deine Aufgabe nicht erfüllst, kein Taschengeld bekommst. Das bedeutet nicht, daß ich dich nicht lieb habe oder daß ich gemein sein will. Es ist nur so, daß die Dinge hier eben auf diese Art laufen. Es hat Konsequenzen, wenn du es tust, und Konsequenzen, wenn du es nicht tust."

Hans: "O.k."

Fritz: "Also dann, Hans, wie lautet unsere Abmachung in bezug auf den Müll?"

Hans: "Solange ich ihn hinausbringe, bekomme ich mein Taschengeld."

Fritz: "Und wenn du ihn nicht hinausbringst?"

Hans: "Bekomme ich kein Taschengeld."

Fritz: "Richtig. Hast du zu dieser Abmachung irgendwelche Fragen?"

Hans: "Nein."

Fritz: "Gut. Ich wollte, daß du das von vornherein weißt, damit die Sache klar ist."

Jetzt, wo Fritz die Regeln festgelegt hat, hat er sich das Leben um einiges leichter gemacht. Solange er (dem Druck von Hans) nicht nachgibt, wird der Müll hinausgeschafft, und sein Sohn respektiert ihn. Sollte Hans beschließen, den Müll nicht hinauszubringen, kann Fritz das gesparte Geld auf sein Konto tun oder den Nachbarjungen dafür bezahlen, daß er den Müll hinausbringt.

Julia kann mit ihrer Sekretärin Karin ähnlich verfahren:

Julia: "Ich möchte, daß diese Briefe bis heute abend geschrieben sind."

Karin: "O.k."

Julia: "Werden Sie sie bis 17.30 Uhr fertig machen?"

Karin: "Ja."

Julia: "Es ist wichtig. Wenn Sie es tun, bin ich Ihnen dankbar."

Karin: "O.k."

Julia: "Karin, ich möchte, daß Sie von vornherein wissen, daß diese Briefe fertig sein müssen, bevor Sie gehen. Wenn Sie bis 17.30 Uhr nicht fertig sind, müssen Sie so lange hier bleiben, bis sie fertig sind. Ist Ihnen das klar?"

Karin: "Ja."

Wenn Sie Eltern und Chefs beobachten, sehen Sie, wie sich viele davon alle möglichen Schwierigkeiten machen. Entweder legen sie die Regeln nicht fest, oder sie sind zu schwach, um sich an die Regeln zu halten, wenn es darauf ankommt.

Zum Beispiel: Die Mutter fährt mit den Kindern zum Strand. Um 16.55 Uhr sagt sie: "Zeit zum Nachhausegehen."

Die Kinder sagen: "Warte noch ein bißchen."

Um 17.15 Uhr sagt sie: "Wir gehen jetzt nach Hause."

Die Kinder sagen: "Nur noch ein Weilchen."

Um 17.25 Uhr sagt die Mutter: "Dieses Mal ist mir ernst damit!"

Es wird 17.45 Uhr, und jetzt weiß die Mutter nicht einmal mehr, wo die Kinder gerade sind. Schließlich gehen sie um 18.30 Uhr, und die Mutter fragt sich: "Warum tun diese schlimmen Kinder mir das an?"

Die Wahrheit ist, daß die Mutter es sich selbst antut! Sie ist voll damit beschäftigt, den Kindern zu demonstrieren, daß sie wirklich nichts von dem meint, was sie sagt. Sie sagt:

"Ich gehe jetzt!", aber sie geht nicht. Die Kinder wissen, daß ihre Mutter ein Schwächling ist.

Was sollte sie tun? Um 16.50 Uhr könnte sie den Kindern sagen: "In zehn Minuten gehen wir. Wenn eines von euch um 17 Uhr nicht im Auto ist, bleibt es zurück." Um 17 Uhr fährt sie, mit oder ohne Kinder, ab. Wie lange wird es dauern, bis den Kindern klar wird, daß Mutter meint, was sie sagt? Wenn wir uns das Leben auf die Dauer erleichtern wollen, muß es uns ernst damit sein, und wir müssen Stärke zeigen.

Beobachten Sie einmal Eltern mit Kindern im Supermarkt! Man kann viel daraus lernen.

Der zweijährige Willi: "Ich will Schokolade."

Papa: "Du bekommst keine Schokolade."

Willi: "Ich will aber."

Papa: "Du kannst keine haben."

Willi: "Ich will Schokolade."

Papa: "Du kannst keine Schokolade haben."

Willi (schreit): "Ich will Schokolade!"

Papa: "Nein."

Willi (strampelt, schreit und brüllt): "Ich will aber, ich will aber, ich will Schokolade, ich will Schokolade!"

Papa: "Hier ist deine Schokolade."

Botschaft von Papa: "Wenn du lange genug tobst und schreist, gebe ich dir, was du willst. Auch wenn ich nein gesagt habe, mache ich einen Rückzieher, sofern du nur genügend Krach schlägst. Wenn du dich wie ein verzogener Bengel aufführst, bekommst du immer, was du willst."

Und nach dieser weiteren Lektion "Wie ich bekommen kann, was ich will, wenn ich mich nur schlimm genug aufführe" fragt sich Papa weiterhin, warum sein Sohn es ihm so schwer macht!

Was sollte der Vater tun? Es sollte Willi von Anbeginn an sagen: "Heute bekommst du keine Schokolade. Du kannst strampeln und schreien, auf die Wand einhämmern, deinen Atem anhalten – es gibt keine Schokolade. Wenn du einen Wutanfall inszenieren willst, tu das, aber es gibt keine Schokolade." Willi versteht das schon. Kinder lernen sehr schnell.

Verbindliche Zusagen einholen

Unter Verkäufern gibt es eine Redensart, die besagt: "Wenn *du* etwas sagst, ist es Unsinn; wenn der *Käufer* es sagt, ist es Tatsache." In diesem Zusammenhang bedeutet es, *daß sich die Menschen nicht auf etwas einlassen, bevor sie es selbst gesagt haben.*

Was heißt das? Es heißt, daß es nicht genügt, Ihrer Tochter zu sagen: "Ich möchte, daß du um elf Uhr zu Hause bist." Die Tochter denkt sich dabei vielleicht nur: "Also, *du* möchtest, daß ich bis dahin zu Hause bin!" Und oft denkt sie auch: "Das habe ich nicht gehört."

Sie müssen noch einen Schritt weiter gehen. Sie brauchen zu diesem Thema *ihre* Antwort. Sie schauen Ihrer Tochter in die Augen. Sie fordern ihre volle Aufmerksamkeit, und dann fragen Sie sie: "Wirst du es tun?" Holen Sie sich eine verbindliche Zusage ein. Das gilt für jede Art von Verhandlung. Fragen Sie die entsprechende Person. "Werden Sie es kaufen, fertigstellen, werden Sie rechtzeitig da sein?" *Andere wissen lassen, was Sie wollen, bedeutet nichts, es sei denn, Sie wissen, daß Sie a) gehört wurden, b) verstanden wurden, c) daß die betreffende Person sich darauf eingelassen hat.*

Manchmal fürchten wir uns, um verbindliche Zusagen zu bitten, weil wir Angst haben, daß die Antwort "nein" lautet. Das ist ein Zeichen von Schwäche.

Des Pudels Kern

Die Menschen leisten sich, soviel sie glauben, sich leisten zu können. Wenn Sie sich das Leben vereinfachen und erfolgreich mit anderen umgehen wollen:

a) *Sagen Sie ihnen zuerst: "Das ist es, was ich möchte. Dies sind die Konsequenzen."*

b) Prüfen Sie nach, ob sie es verstanden haben.

c) Finden Sie heraus, was sie zu tun bereit sind. *Holen Sie sich ihr Einverständnis.*

d) Wenn Sie sich auf einen Aktionsplan festgelegt haben, stehen Sie dazu.

Aus Fehlern lernen

Harald kommt spät von der Arbeit nach Hause. Seine Frau knallt das Essen auf den Tisch und schreit: "Und wo warst du so lange? Du kommst zu spät!" Er kommt schon seit achtundzwanzig Jahren zu spät. Sie ist schon seit achtundzwanzig Jahren zornig auf ihn. Sie schreit, er ist mürrisch.

Frage: Sollten sie nach einem Vierteljahrhundert zusammen nicht etwas in bezug auf zwischenmenschliche Beziehungen gelernt haben? Sollte sie nicht eine bessere Art gefunden haben, um ihren "Männe" zu motivieren, pünktlich nach Hause zu kommen?

Und wenn sie nun gesagt hätte: "Liebling, ich bin so froh, daß du da bist. Wenn du zu spät kommst, fehlst du mir so!" Würde das eine andere Reaktion hervorrufen?

Sollte es uns im Laufe der Jahre nicht leichter fallen, glücklich zu sein? Sollten wir mit Übung nicht unsere Geschicklichkeit im Umgang mit der Familie verfeinern und uns der fröhlichen Minderheit von Leuten anschließen, die jedes Jahr etwas glücklicher werden?

Ich hatte eine Nachbarin, die dazu neigte, ihrem Mann Dinge über den Kopf zu schlagen. Sie riß Schranktüren aus ihren Angeln und haute sie ihm über den Schädel! Sollten Sie zufällig am Sonntagmorgen einmal vorbeikommen, sähen Sie wahrscheinlich eine ihrer Waffen gegen den Kühlschrank gelehnt – mit einem Loch von der Größe eines Kopfes darin. Männe würde seine Frühstücksflocken essen, sie würde auf das Loch und er

auf seinen abgeflachten Kopf zeigen! Es machte ihr auch Spaß, ihm auf Partys ein Glas Milch über den Kopf zu schütten.

Und da diese beiden schon seit ungefähr vierundzwanzig Jahren verheiratet sind, fiel mir auf, daß sie irgendwann im Laufe der Zeit nichts mehr über Kommunikation und zwischenmenschliche Beziehungen gelernt hatten.

Manche Dinge gehen eben einfach nicht! Möbel über dem Kopf des Partners zu zerschlagen ist eines davon, aber es gibt noch andere, subtilere Dinge, die Beziehungen unterminieren.

Zum Beispiel Begrüßungen wie:

"Wo warst du?"

"Was machst du denn da?"

"Du kommst immer zu spät!"

"Das ist deine Schuld."

"Du bist dumm, fett, faul, unwissend, egoistisch und hoffnungslos."

Die Wirkung ist schlecht. Wir müssen aus Erfahrung lernen und nicht immer wieder dieselben alten Fehler machen.

Zum Beispiel muß unsere Botschaft, wenn jemand wiederholt zu spät kommt, lauten: "Ich fühle mich in deiner Gesellschaft so wohl, daß du mir fehlst, wenn du zu spät kommst. Dann habe ich das Gefühl, als liege dir nichts an mir, und das bringt mich außer Fassung..." Wir müssen ihnen einen Anreiz verschaffen, unseren Wünschen entgegenzukommen, und nicht einen Anreiz dazu, das Haus zu verlassen. Gewöhnlich spielt es sich aber so ab, daß die "beleidigte" Partei zu nörgeln beginnt und der Zu-spät-Kommende immer später kommt, um dem Nörgeln zu entgehen.

Ein Mann namens Robert, dessen Frau recht unfreundlich war, wenn er zu spät kam, rief eines Abends vom Büro aus an, um ihr zu sagen, er werde nicht rechtzeitig zum Essen zu Hause sein. Er bat sie, sein Essen solange in die Backröhre zu stellen, und zu seiner Überraschung war sie dazu gerne bereit. Erst beim Nachhausekommen entdeckte er, weshalb sie sein Essen so gerne ins Backrohr getan hatte: an diesem Abend gab es zum Abendessen Salat! Wir sprechen hier über ganz elementare Kommunikationsfähigkeiten und über Dinge, die wir alle wissen, aber es hilft, von Zeit zu Zeit an die Grundlagen erinnert zu werden.

Des Pudels Kern

Wir sollten erwarten, daß sich unsere Beziehungen ständig bessern, und nicht, daß sie sich allmählich verschlechtern. Eine Beziehung ist wie ein Geschäft: Es bessert sich oder es verschlechtert sich, Stillstand gibt es nicht. *Wenn die Dinge nicht besser werden, leben wir, ohne zu lernen.*

Was Sie erwarten, fließt Ihnen zu

Ende der sechziger Jahre unternahm Dr. Robert Rosenthal von der Harvard Universität an einer Schule in Kalifornien ein Experiment. Zu Beginn des Schuljahres rief der Rektor der Schule drei Lehrer zu sich ins Rektorat und teilte ihnen mit: "Auf Grund Ihres ausgezeichneten Unterrichts in den letzten drei bis vier Jahren steht eindeutig fest, daß Sie die besten Lehrer an der Schule sind. Zur Belohnung bekommt dieses Jahr jeder von Ihnen eine Klasse mit 30 der hellsten Schüler der Schule. Die Schüler wurden nach ihrem Intelligenzquotienten und nach ihrem Lerneifer ausgewählt." Er fügte hinzu: "Unterrichten Sie diese Schüler so, wie Sie jede andere Klasse unterrichten würden, und lassen Sie die Schüler oder Eltern nicht wissen, daß Sie wissen, daß es besondere Schüler sind."

Am Ende des Jahres lagen die drei Klassen mit ihren Leistungen an der Spitze des gesamten Schulbezirks und schnitten mit 20 bis 30 Prozent über dem Durchschnitt ab.

Dann ließ der Rektor die Bombe platzen: "Die Schüler waren nicht auf Grund ihrer Fähigkeiten, sondern durch das Los ausgewählt worden." Die überraschten Lehrer konnten nur folgern, daß die Schüler deshalb so hervorragend abgeschnitten hatten, weil sie, die Lehrer, eben hervorragend waren. Bombe Nummer zwei: Die Lehrer waren ebenfalls durch das Los ausgewählt worden!

Die Lehrer *glaubten* an sich und *erwarteten,* die Schüler würden gut abschneiden, und die Kinder bewiesen die Richtigkeit der Erwartung.

Die Botschaft für uns: Die Menschen – das heißt: Ihr Sohn, Ihr Bruder, Ihre Sekretärin, die Kinder, die Sie im Fußball trainieren, sogar Ihre Ehefrau – neigen dazu, sich Ihren Erwartungen gemäß zu verhalten. Wenn Sie als Trainer Ihre Mannschaft für gleichgültig halten, verliert diese und beweist, daß Sie recht haben. Wenn Sie an Menschen glauben, glauben diese an sich selbst, und wieder neigen sie dazu zu beweisen, daß Sie recht haben.

Sie sagen: "Aber das weiß doch jeder! Es gibt nicht ein einziges Buch über Kindererziehung oder Personalführung, das nicht über die Bedeutung von Lob und Ermutigung spricht." Stimmt! Es wird viel darüber geredet, aber nur wenige Menschen wissen es wirklich. Wenn die Menschen etwas wirklich verstanden haben, wenden sie es in ihrem Leben an. Fragen Sie sich, wieviele Ihrer Lehrer oder Vorgesetzten Sie ermutigten und zum Erreichen neuer, spannender Hochleistungen anspornten.

Was erwarte ich von den Menschen?

Rosenthals Erkenntnisse geben uns allen Grund zum Nachdenken: "Was erwarte ich eigentlich von den Menschen in meinem Leben?" Fritz sagt: "Nun ja, das mag für Rosenthal so sein, aber ich weiß, daß meine Sekretärin ein Trottel ist!" Genau das ist es, Fritz. Solange du "weißt", daß sie ein Trottel ist, bleibt sie vertrottelt. Wenn du anfängst, an sie zu glauben, sie zu ermutigen und zu unterstützen, kann es sein, sie zeigt neue Ansätze.

Es kann uns allen ein bißchen ergehen wie Fritz: Wir erwarten, daß man uns enttäuscht, und erleben, wie unsere Erwartungen in Erfüllung gehen.

DAS IST MEIN SOHN ERWIN.
ER IST DOOF!
MATTHEWS

Wie kann ich Menschen ermutigen?

Sie vermitteln den Menschen eine positive Erwartungshaltung, indem Sie ihnen helfen, ihren eigenen Fortschritt zu sehen. Oft fällt es ihnen schwer, diesen selbst zu sehen. Sie nehmen Ihren neuen Angestellten beiseite und sagen: "Heinz, im Verlauf einer Woche haben Sie wirklich ein Gefühl für diese Arbeit entwickelt. Es ist noch früh, aber bei Ihrem Geschick und Ihrer Persönlichkeit kann ich mir schon vorstellen, wie Sie in einem oder zwei Jahren diese Abteilung leiten."

Sie lassen in Heinz' Kopf das Bild größerer Möglichkeiten entstehen. Sie bringen ihn dazu, sich als erfolgreich zu sehen. Man vermittelt den Menschen eine positive Erwartungshaltung nicht allein durch Lob, obwohl Lob dazugehört. Man muß ihnen auch die Zukunft zeigen. Sie sagen: "Sohn, ich weiß, daß du es mit der Mathematik schwer hast. Aber stell dir nur einmal vor, wenn du täglich eine halbe Stunde mehr an diesen Gleichungen arbeitest. Bei deiner Entschlossenheit kann ich mir vorstellen, daß du im nächsten Zeugnis eine glatte Eins bekommst. Wie wäre das denn?"

Des Pudels Kern

Wir können andere nicht gegen ihren Willen zu etwas veranlassen, doch möchte sich fast jeder erfolgreich und akzeptiert fühlen. Erkennen Sie den Wert und das Potential anderer Menschen an. *Loben Sie sie für bestimmte Dinge, und sagen Sie ihnen, was sie Ihrer Meinung nach erreichen können.* Sie werden darauf reagieren.

Form macht Freunde

Die meisten von uns haben endlose Lektionen über die Bedeutung von guten Manieren von seiten der Familie und der Lehrer durchgestanden: "Sei höflich. Sag dankeschön. Kämm dir die Haare. Nimm die Füße vom Tisch. Sprich nicht mit vollem Mund. Erbsen werden nicht auf diese Art hineingeschaufelt! Das ist ein Messer, kein Bleistift. Benütze das nächste Mal dein Taschentuch!"

Wir haben uns vielleicht gefragt, warum es so wichtig ist zu beweisen, daß "Mutter uns richtig erzogen hat" oder daß wir verstehen, was Manieren bedeuten.

Natürlich haben gute Manieren nichts damit zu tun, etwas zu beweisen. Manieren wurden entwickelt, damit es anderen möglich ist, sich in unserer Gesellschaft wohlzufühlen. Manieren bedeuten aus Respekt vor anderen ein Bewußtsein unserer selbst und unserer Wirkung zu entwickeln.

Um andere positiv zu beeinflussen, brauchen Sie nicht nach der letzten Mode gekleidet zu sein. Sie brauchen den Champagner nicht in schwedischem Kristall zu servieren. Ein erfolgreicher Abend hängt nicht davon ab, ob Sie die Suppe von rechts oder links servieren.

Manieren sind nur ein Teil der Person, in gewissem Sinne die Fassade, sie sind aber trotzdem wichtig. Wenn wir ihnen übertriebene Bedeutung beimessen, riskieren wir, die guten Seiten der Menschen zu übersehen: Er mampft wie ein Pferd (aber er ist großzügig bis zum Geht-nicht-mehr); sie trug bei einem Galadiner ein T-Shirt (aber sie erzählte die besten Geschichten); sie haben keinen Satz passender Gläser (aber ihr Haus ist voller Lachen).

Wir wollen uns in unserem Bemühen um Höflichkeit nicht zu sehr auf die oberflächlichen Punkte festlegen.

Ist es nicht frustrierend, wenn Sie eine Freundin bitten, ihren Chef zu beschreiben, und sie sagt: "Nun, er ist groß, hat braune Haare, er trägt eine Armbanduhr von Gucci, er hat ein schönes Haus, ist ein Feinschmecker, und er sieht ein bißchen aus wie ..."? Sprich doch über die Dinge, die zählen. Hat er Humor? Spricht er über seine Plastiken? Wie verbringt er seine Zeit? Ist er freundlich?

Was ist Form?

Form ist ein anderes Wort für Stil. Und hier ist Untertreibung oft besser. Nehmen wir ein Beispiel.

Agnes heiratet den Sohn der wohlhabenden Schäfers und erbt beim Tod der Großmutter Schäfer einen ganzen Tresor voll Schmuck. Plötzlich ist Agnes, die aus der Mittelschicht stammt und von Freunden und Familie aus der Mittelschicht umgeben ist, so viel wert wie eine ganze Münzprägeanstalt – und hat genug Schmuck, um es zu beweisen. Es mag sehr verlockend sein, mit ihren neu erlangten Reichtümern zu protzen.

Aber Agnes hat ein Gespür für gute Form und zeigt erstaunlich viel Stil. Bei einem Familientreffen der Schäfers sind alle Verwandten mit alten Diamanten ausstaffiert. Agnes trägt nur ein elegantes Kostüm mit nichts als einer Perlenkette und dazu passenden Ohrringen. Alle erwarteten, sie würde sich auftakeln wie ein Pfandhaus, aber das tut sie nicht. Sie zieht es vor, nicht zu konkurrieren. Ergebnis? Agnes gewinnt an Respekt.

Gute Form bedeutet lieber unter- als übertreiben. Bedeutet nicht konkurrieren. Bedeutet wissen, daß man nichts beweisen muß.

Kleidung

Wenn Sie Freunde gewinnen (oder behalten) wollen, seien Sie höflich, wenn Sie Ihre Garderobe planen.

Erste Regel: Ziehen Sie sich nicht zu gut an. Die Menschen verübeln Ihnen das.

Regel Nummer zwei: Kleiden Sie sich ordentlich. Die halbe Schlacht ist bereits gewonnen, wenn Sie ordentlich aussehen. Ob das Etikett nicht mehr in Mode ist, spielt keine Rolle. Zumindest können Sie ordentlich sein. Die Menschen erwarten und schätzen ordentliches Aussehen. Wenn Sie Ihre Miete nicht bezahlen können, können Sie sich wenigstens das Haar kämmen und Ihre Schuhe putzen. Die Menschen achten auf diese Kleinigkeiten.

Regel Nummer drei: Entwickeln Sie einen Sinn für den Anlaß. Die Menschen wissen das zu schätzen. Schauen Sie sich die Einladung an und halten Sie sich an die vorgeschriebene Kleidung. Wenn darüber nichts ausgesagt wird, fragen Sie. Es wäre unangebracht, zu einem Hochzeitsfest Jeans zu tragen (es sei denn, es würde ausdrücklich verlangt "Kommen Sie in Levi's"); ein Taftkleid im Stil von Scarlett O`Hara, das die Braut völlig in den Schatten stellt, oder ein Anzug, der fünfmal so teuer ist wie der des Bräutigams, sind aber genauso unangebracht.

Man muß wissen, wann man von der Bühne treten soll

Gute Form bedeutet auch, daß man weiß, wann man im Hintergrund bleiben soll ...

Rudi Müllers Firma wird von einem anderen Unternehmen übernommen, und er bekommt die Kündigung. Er hat vier Kinder und eine Hypothek, und es ist ein schwerer Schlag für seine Finanzlage und seinen beruflichen Ehrgeiz. Rudi ist am Boden zerstört.

Ironischerweise erhält Rudis Bruder Egon in derselben Woche eine bemerkenswerte Beförderung. Bei einer Geburtstagsfeier, zu der sowohl Rudi und Egon mit ihren Familien als auch die halbe Nachbarschaft eingeladen sind, drücken Rudis Freunde ihm ihr Mitgefühl aus und helfen ihm mit Worten der Ermutigung. Mitten in diese Unterhaltung hinein ruft Egons Frau der Gruppe zu: "Wir wollen auf Egons Beförderung anstoßen. Er wurde heute zum Geschäftsführer ernannt." Eine Person mit mehr Sinn für die Situation und mehr Rücksichtnahme hätte einen anderen Zeitpunkt für diese Ankündigung gewählt.

Des Pudels Kern

Zweifellos machen ein angenehmes Äußeres und Essen mit geschlossenem Mund Ihr Leben angenehmer. (Ich kenne mindestens ein Finanzgenie, das vom Verwaltungsrat einer großen Organisation nur deshalb ausgeschlossen wurde, weil die anderen Mitglieder sagen, er sei ein Schwein.)

Bei Manieren geht es jedoch weniger darum, daß man jede kleine Einzelheit der Tischetikette kennt. Definieren Sie Manieren nicht so sehr im Sinne von unantastbaren Regeln, denken Sie dabei eher an *Rücksichtnahme und Respekt* und daran, *daß die Menschen sich wohlfühlen können.*

Im großen und ganzen zielen Sie auf *Stil* und *gute Form* ab. Bedenken Sie die Gefühle der anderen, und man wird Sie schätzen.

Erwartungen in einer Freundschaft

Im Rückblick auf vergangene Beziehungen sprechen die Menschen oft von Enttäuschungen: "Ich war ihre beste Freundin, bis sie das tat. ... Er ließ mich im Stich. ... Sie behandelte mich nie als ihresgleichen ..."

Wenn wir uns unserer Erwartungen an eine Freundschaft bewußt sind und wenn diese Erwartungen nicht unvernünftig sind, verringert sich die Gefahr einer Enttäuschung!

Ich hatte einen Freund, James. James war einer der unzuverlässigsten Menschen, die ich kenne, und in puncto Pünktlichkeit einfach hoffnungslos. Lange Zeit ließ ich mich dadurch stören. Schließlich dämmerte es mir, daß James eben James war – unendlich liebenswert und gleichermaßen unzuverlässig.

Es war nicht meine Aufgabe, ihn zu verändern. Ich mußte vielmehr meine Erwartungen an die Freundschaft ändern. Ich mußte ihn akzeptieren. Es machte so viel Spaß, ihn um sich zu haben – er war ein großartiger Unterhalter, geistreich, großzügig und an allem interessiert, von Motorrädern über Aquarien bis zu Fotografie und Maurerarbeiten. Wenn und wann er ankam, war seine Gegenwart ein Gewinn. Als ich meine Erwartungen in bezug auf sein Verhalten änderte, hatten wir viel mehr Spaß und weniger Auseinandersetzungen. (Das letzte, was ich von ihm hörte, war, daß er jetzt auf einer tropischen Insel lebt, wo sich alle so chronisch verspäten wie er.)

Betrachten wir eine Vater-Sohn-Beziehung. Der Sohn sagt: "Mein Vater behandelt mich immer wie einen kleinen Jungen. Warum kann er nicht sehen, daß ich erwachsen bin?"

Weil wir in den Augen unserer Väter immer kleine Jungen bleiben. Daran ist nichts zu ändern. Väter sind immer älter als ihre Söhne! Einen Vater haben bedeutet unter anderem, es mit einem Typen zu tun zu bekommen, der uns noch mit fünfzig für ein Kind hält! Und die Söhne müssen damit schon seit Adams Zeiten zurechtkommen. Wenn man es einmal akzeptiert und seine Erwartungen angepaßt hat, ist es kein großes Problem mehr.

Jede Freundschaft ist anders. Sie können nicht erwarten, daß Sie mit Ihrem Chef die gleiche Freundschaft haben wie mit Ihren Arbeitskollegen. Mit Ihrem Buchhalter gehen Sie wahrscheinlich nicht auf die gleiche Weise um wie mit Ihrem Arzt. Die Menschen haben verschiedene Wertmaßstäbe, Erfahrungen, Stellungen, und diese Faktoren beeinflussen eine Freundschaft.

Erinnern Sie sich auch daran, daß Ihre Freunde vielleicht nicht die gleichen Erwartungen an eine Freundschaft haben wie Sie. Beobachten Sie genau. Die Menschen verteilen immer Winke mit dem Zaunpfahl, die sich um Ihre Wünsche und Bedürfnisse drehen. Wenn sie sich vage anhören, bringen Sie sie dazu, es genauer auszuführen. Es wird eine lohnende Unterhaltung.

Grenzen einer Freundschaft

Freunden gegenüber kann man ehrlich sein. Auf Freunde kann man sich verlassen. Freunden gegenüber kann man offen sein. Stimmt alles. Aber es gibt auch für jede Freundschaft Grenzen. Welche Grenzen? Grenzen wie:

- **Freunde ausnutzen**

Bernhard mag Ihr Kumpel sein, aber denken Sie nur nicht, Sie könnten sich von Ihrem Kumpel Bernhard jeden zweiten Tag Geld ausleihen. Schließlich wird Bernhard beschließen, daß er als Bank benutzt wird, und die Freundschaft aufkündigen.

Die Nachbarn passen mit Freuden zweimal im Jahr auf Ihre Zwillinge auf. Vielleicht tun sie es auch alle paar Monate gern. Und vielleicht sind sie sogar einverstanden, es jeden Monat zu tun. Aber wenn man den Gefallen jede Woche verlangt, sprechen diese freundlichen Nachbarn am Telefon plötzlich nicht mehr mit Ihnen. Inzwischen fragen Sie sich: "Was ist nur mit den Burkhardts los? Wir waren doch so gute Freunde!"

Die Menschen helfen gerne, hassen es aber, wenn man sie ausnutzt. Freundschaft und Unterstützung beruhen auf Gegenseitigkeit. Achten Sie darauf, wie der Verkehr läuft.

- **Freunde beschimpfen**

Nur weil man jemandem nahe steht, hat man noch lange nicht das Recht, ihn zu beleidigen. Gloria sagt: "Wenn ich meine beste Freundin nicht beleidigen kann, wer kann es dann tun?" Nun, Gloria, daß sie deine Freundin ist, heißt noch lange nicht, daß sie keine Gefühle hat. Willi sagt: "Natürlich mache ich mich über ihre große Nase lustig. Sie ist doch schließlich meine Frau!" Falsch!

Wir alle haben leicht verletzliche Egos. Freundschaft verlangt Einfühlungsvermögen und Takt. Vertrautheit ist gut und schön. Aber wir wollen uns vor Beleidigungen hüten. Ich mag Ihr Freund sein, aber wenn ich mich immer wieder über Ihr Aussehen lustig mache und Ihre Intelligenz in Frage stelle, schauen Sie sich bald anderswo nach Gesellschaft um. So eng die Freundschaft auch sein mag, für Takt ist immer Platz.

Kapitel 6

Die anderen achten

Die größte Herausforderung im Leben ist: sich selbst treu zu sein.

Umarmen

Umarmen ist gesund! Wir brauchen Berührung, und zwar oft. Aber manchmal fürchten wir uns vor Zurückweisung, also beschränken wir uns darauf, Babys und Hunde zu streicheln. Wir sind uns zumindest sicher, daß Nachbars Pudel sich nicht umwendet und sagt: "Hände weg, du blöder Kerl!"

Jetzt sagen sogar medizinische Fachleute, *daß wir einander umarmen müssen,* nicht nur den Hund. Der leitende Psychiater an der Menninger Foundation, Dr. Harold Falk, sagt: "Umarmen kann Depression entgegenwirken, da es das Immunsystem des Körpers anregt. Umarmen bringt frisches Leben in müde Körper, und Sie fühlen sich dadurch jünger und vitaler."

Dr. Breslers von der Schmerzklinik der U.C.L.A. (Universität von Los Angeles) verschreibt Umarmungen: "Sorgen Sie dafür, daß sie morgens, mittags, abends und vor dem Zubettgehen umarmt werden, und Sie fühlen sich besser."

In ihrem Buch *The Joy of touching (Die Freude des Berührens)* erklärt Helen Colton, daß das Hämoglobin im Blut deutlich zunimmt, wenn Sie berührt und umarmt werden. Da Hämoglobin den lebenswichtigen Bedarf an Sauerstoff zum Gehirn, zum Herzen und durch den Körper befördert, sieht es so aus, als sei das Umarmen sehr wichtig.

Nun mögen manche Menschen wohl sagen: "Ich gehöre nicht zu denen, die gerne umarmen." Man kann aber durchaus zu einem Menschen werden, der gerne umarmt und sich gerne umarmen läßt. Man braucht nicht jeden zu umarmen, aber von irgendwoher muß unser Bedarf an Umarmungen gestillt werden.

Es sieht auch so aus, als erwärmten wir uns in dem Maße, in dem wir unsere Befangenheit ablegen, für den Gedanken des Umarmens und Umarmtwerdens. Die Entwicklung läuft eher in der Richtung, daß die Menschen sich an das Umarmen gewöhnen und sich darauf verlassen, als umgekehrt. Man begegnet nicht allzuvielen Menschen, die sagen: "Früher umarmte ich viel, obwohl ich das haßte. Das tue ich jetzt nicht mehr. Ich bin froh, daß mich jetzt niemand mehr umarmt."

Menschen nicht beurteilen

Wenn von einer idealen Freundschaft die Rede ist, benutzen die Menschen fast immer die Worte "annehmen" und "nicht urteilen": "Er urteilt nie über mich ... Sie nimmt mich so, wie ich bin ... Er liebt mich trotz ..." Sie sagen: "Ich komme den Menschen nahe, wenn sie nicht über mich urteilen und mich nicht kritisieren."

Was sie damit tatsächlich sagen ist, daß wir den Menschen näher kommen, wann immer wir aufhören, über sie zu urteilen und sie zu analysieren. Das Umgekehrte trifft ebenfalls zu. Andere analysieren und kritisieren schafft Abstand.

Fritz mag nun sagen: "Aber ich bin intelligent. Ich bin ein Intellektueller. Ich muß ständig über andere urteilen." Das mag ja sein, Fritz, aber an einem gewissen Punkt lohnt es sich, die Grenze zu ziehen. Schau dich doch einmal bei den Taoisten um. Wir brauchen nicht über alle zu urteilen; es ist möglich, die Menschen einfach um ihrer Einzigartigkeit willen zu schätzen, so wie man sich an einer Rose oder einem Lied freut. Man braucht sie nicht immerzu analysieren, kritisieren und auseinandernehmen.

Urteilsfreiheit und Seelenfrieden

Wenn wir nicht mehr ständig über andere urteilen, finden wir mehr Seelenfrieden. Wie oft hören wir andere den Lebensstil ihrer Freunde kritisieren:

"Sie ist viel zu dick für so ein Rüschenkleid!"

"Er ist ein Idiot, daß er diese Frau geheiratet hat."

"Frank sollte sich einmal von seiner faulen Haut erheben und eine ordentliche Arbeit suchen."

"Sie sollten mit ihrem Geld etwas Besseres anfangen, als es in einen BMW zu stecken."

Hört sich das bekannt an? Wenn wir darüber urteilen, was andere mit ihrer Zeit, ihrem Geld oder ihrem Leben anfangen, sabotieren wir unseren eigenen Seelenfrieden: Wir stören uns daran, daß die Dinge nicht so sind, wie sie "sein sollten".

Andere so nehmen, wie sie sind, macht uns glücklicher. Wenn wir uns daran machen, die Menschen zu verändern, schaffen wir uns Streß, und sie hassen uns dafür!

Auf diesem Planeten wird es, ganz gleich, was Sie davon halten, immer Faulenzer, Betrüger, Angeber, Arbeitswütige, Alkoholiker, Verschwender, Transvestiten, Reiche, Arme, Dicke, Dünne und noch viele andere Menschentypen geben. Wenn Sie flexibel sind und die anderen sein lassen, ersparen Sie sich eine Menge unnötigen Streß. *Seelenfrieden entsteht aus einer veränderten Einstellung, nicht durch andere Umstände.* Und wer sind wir, daß wir beurteilen, was andere tun?

Da wir außerdem auch so viel aus unseren Fehlern lernen, ist es dann nicht vernünftig, andere ihre eigenen "Fehler" und Erfahrungen machen zu lassen und uns selbst darauf zu konzentrieren, unser eigenes Leben zu verbessern?

Eine Meinung haben

Viele von uns wachsen in dem Glauben auf, daß intelligente Menschen eine Meinung zu absolut allem haben sollten. "Das ist gut, das ist schlecht, das ist unerhört." Zeitungen verbreiten Meinungen, Politiker haben Ansichten, die Sendungen zu aktuellen Zeitthemen im Fernsehen haben Meinungen, die Nachbarn haben Meinungen: "Mach dir Sorgen über dies ..." und "Empöre dich über das ..."

Sie brauchen nicht immer eine Meinung zu haben. Manchmal ist es angebracht, überhaupt keine Meinung zu haben. Warum nicht die Menschen einfach sein lassen? Wenn Ihre Nachbarin sagt: "Finden Sie nicht, daß Frank sich Arbeit suchen sollte?", könnten Sie vielleicht antworten: "Ich finde, Frank soll tun, was er möchte." Wenn sie sagt: "Ist es nicht schlimm, daß Franks Frau so viel Übergewicht hat?", sagen Sie sich: "Vielleicht lernt sie gerade, was es bedeutet, dick zu sein."

Manchmal ist es natürlich notwendig, eine Meinung zu haben und Menschen zu beurteilen, zum Beispiel: "Ist meine Sekretärin erfolgreich? Leistet mein Buchhalter gute Arbeit?" Aber es gibt viele Fälle, in denen es unproduktiv ist, ein Urteil zu fällen.

Versuchen Sie dieses Experiment: Urteilen Sie eine Woche lang über nichts und niemanden. Wenn Ihnen das nächste Mal jemand begegnet, der viel redet, verschwenderisch ist, sich laufend beschwert oder nicht arbeitet, sagen Sie sich im stillen: "Ich gebe dir den Raum, das Leben so zu erfahren, wie du es dir aussuchst. Es steht mir nicht zu, über dich zu urteilen." So wird das Leben viel heiterer.

Eine "urteilsfreie" Einstellung bedeutet nicht, daß man alle "mögen" muß oder daß man nicht gewisse Vorlieben hat; es bedeutet, eine Haltung einnehmen, die uns mit unseren Mitmenschen besser auskommen läßt.

Es wird Zeiten geben, in denen Sie lieber nicht in Gesellschaft anderer sind; der Beweggrund dafür sollte jedoch sein, daß sich das für Sie richtig anfühlt, und nicht, daß Sie andere verurteilen, weil sie anders sind.

Des Pudels Kern

Wenn Fritz die letzten fünfundvierzig Jahre damit verbracht hat, sich über andere aufzuregen, dann mag es ihm dämmern, daß viele Menschen die Dinge nicht so sehen wie er. Wenn er glücklicher sein will, hat er die Wahl zwischen zwei Möglichkeiten – er kann entweder warten, bis alle so zu denken beginnen wie er, oder er kann ihnen das Recht zugestehen, ihr Leben so gut zu führen, wie sie können.

Klatsch

Information wird drastisch verzerrt, wenn sie von einem zum anderen weitergegeben wird. Das können Sie mit einem faszinierenden Spiel demonstrieren: Ungefähr zwanzig Leute stehen im Kreis. Einer flüstert eine Botschaft ins Ohr des Menschen zu seiner Linken. Derjenige, der die Botschaft empfangen hat, flüstert sie wieder ins Ohr der Nachbarin zu seiner Linken, und so wird die Botschaft den ganzen Kreis entlang weitergegeben. Das scheint eine einfache Übung zu sein, nur ist die Botschaft, wenn sie endlich zu der Person zurückkehrt, die sie ausgesendet hat, immer völlig verändert. "Otto Müller hat hier in der Nähe seine Brieftasche verloren" wird zu "Lotte Maier ist schwanger." Im Zeitraum von drei Minuten erleben Sie die Entstehung eines süffisanten Gerüchts.

Es ist gut, sich an diese Übung zu erinnern, wenn Ihnen das nächste Mal jemand ein Kleinod an Information zukommen läßt, das er gerade gehört hat. Von Zeit zu Zeit platzt jemand fast, weil er Ihnen mitteilen will: "Hannes hält dich für verrückt, daß du das machst." – "Hanna will dich nie wieder sehen." – "Wilhelm sagt, du seist ein hoffnungsloser Idiot ..." Seien Sie solchem Klatsch gegenüber skeptisch.

Es gibt noch etwas, an das man sich bei Neuigkeiten aus zweiter Hand erinnern muß: Wenn Sie es nicht aus erster Hand hörten, wissen Sie nicht, *wie* es gesagt wurde. Ist es wichtig zu wissen, *wie* etwas gesagt wurde? Lesen Sie die folgenden Sätze und beobachten Sie, wie sich der Sinn ändert, wenn die Betonung auf ein anderes Wort gelegt wird:

Ich habe nicht gesagt, daß sie mein Geld gestohlen habe.

<u>Ich</u> habe nicht gesagt, daß sie mein Geld gestohlen habe. (Jemand anders sagte es.)

Ich <u>habe nicht</u> gesagt, daß sie mein Geld gestohlen habe. (Ich habe es bestimmt nicht gesagt.)

Ich habe nicht <u>gesagt</u>, daß sie mein Geld gestohlen habe. (Aber ich gab es zu verstehen.)

Ich habe nicht gesagt, daß <u>sie</u> mein Geld gestohlen habe. (Aber jemand hat es gestohlen.)

Ich habe nicht gesagt, daß sie <u>mein</u> Geld gestohlen habe. (Sie hat das Geld eines anderen gestohlen.)

Ich habe nicht gesagt, daß sie mein <u>Geld</u> gestohlen habe. (Sie hat etwas anderes gestohlen.)

Ich habe nicht gesagt, daß sie mein Geld <u>gestohlen</u> habe. (Sie tat etwas anderes damit.)

Acht verschiedene Bedeutungen, ohne eine Silbe zu verändern! Der Ton, die feinen Nuancen und die Betonung sind in einer Unterhaltung alles. Wenn Sie nicht hörten, wie die Worte gesagt wurden, können Sie unmöglich genau beurteilen, was ein gegebener Kommentar bedeutet.

Bevor Sie etwas glauben, bevor Sie einen Herzanfall bekommen, Ihren Manager feuern oder die Scheidung einreichen, holen Sie sich an der Quelle die Information aus erster Hand ein. Das ist ein ganz elementarer Ratschlag, doch können wir alle hereinfallen, wenn wir nicht vorsichtig sind.

WIR SIND SO GLÜCKLICH! ICH VERGÖTTERE MEINE FRAU. WIR WERDEN IMMER ZUSAMMEN-SEIN!
FRANK
FRANK SAGT, ER WERDE ALICE NIE VERLASSEN.
FRANK HAT SICH ENTSCHLOSSEN, ALICE NICHT ZU VERLASSEN.
FRANK DACHTE AN-SCHEINEND DARAN, ALICE ZU VERLASSEN!
ICH HÖRE ES KÖNNTE SEIN, DASS FRANK ALICE VER-LÄSST!
FRANK VERLÄSST ALICE!
FRANK HAT ALICE VERLASSEN. DA IST BESTIMMT EINE ANDERE FRAU IM SPIEL.
FRANK HAT ALICE WEGEN EINER JÜNGEREN FRAU VERLASSEN - ICH WETTE, ES IST SEINE SEKRETÄRIN ELLEN.
FRANK HAT ALICE VERLASSEN, WEGEN ELLEN. DIE ARME ALICE IST BESTIMMT AUSSER SICH!

Des Pudels Kern

Klatsch mag zwar als Tatsache beginnen, die Tatsachen verschwinden jedoch bald. Wo immer möglich, lassen Sie sich die echte Geschichte direkt vom Urheber erzählen, bevor Sie zur Tat schreiten.

Wenn Sie alles glaubten, was Sie über Ihre Bekannten zu hören bekommen, könnte es sein, daß Sie nur sehr wenigen Menschen vertrauen und nur sehr wenige Freunde haben. Wenn natürlich die ganze Stadt schwört, daß Heinz Ehrlich ein hinterhältiger Gangster sei, dann wollen Sie sich vielleicht in acht nehmen; nehmen Sie die Menschen jedoch in der Regel so, wie Sie sie finden, und lassen Sie sich nicht durch Gerüchte davon abbringen. Bilden Sie sich Ihre eigene Meinung.

Geben

Maria gibt Fritz ein Geburtstagsgeschenk im Wert von 700 Mark. An Marias Geburtstag trifft Fritz mit einem Strauß Margeriten ein. Maria ist verdutzt. Sie murmelt: "Was bist du für ein Geizkragen! Ich gab meinen Wochenlohn für dein Geburtstagsgeschenk aus, und du schenkst mir diese kümmerlichen Blumen!"

Vom Standpunkt der konventionellen Einstufung her betrachtet sieht es so aus, als habe Fritz Maria enttäuscht, weil es kein fairer Austausch war. Aber Schenken ist *keine Frage des Austauschs. Wenn Sie schenken, schenken Sie.*

Sie geben jemandem ein Geschenk, weil Sie wollen, daß er es hat. Sie schenken es, weil Sie es schenken möchten. Wenn Sie nichts schenken wollen, ist das auch vollkommen in Ordnung.

Wir geraten in Schwierigkeiten, wenn wir Bedingungen an unser "Geben" knüpfen. Marias Botschaft auf der Geburtstagskarte lautet: "Viel Glück zum Geburtstag, Fritz. Ich hoffe, die Stereoanlage gefällt dir. In Liebe, Maria." Die ungeschriebene Botschaft lautet: "Mein Geburtstag ist im August, Fritz. Wenn du nicht mindestens genausoviel für mich ausgibst, bist du ein billiger Betrüger und kannst dir eine andere Freundin suchen."

Es gibt Schwierigkeiten, wenn wir an Geschenke Bedingungen knüpfen: "Ich möchte dir diesen Pullover schenken. Wenn du ihn nicht zweimal die Woche trägst, bin ich beleidigt." Der Versuch, Menschen zu kontrollieren, ist immer frustrierend. Wenn Sie mir einen Pullover schenken, dann deshalb, weil Sie mich gern damit tun lassen, was mir beliebt. Sie bleiben viel glücklicher, wenn Sie mir die Entscheidung überlassen, was ich damit tun will, wenn er mir erst einmal gehört.

Ähnlich ist es, wenn unsere Gabe die Form eines Opfers annimmt, wir unsere Zeit oder unsere Chancen für den Ehepartner, die Kinder oder unsere Freunde aufgeben. Dann sagen wir ihnen: "Ich habe mich für euch geopfert!", um sicher zu sein, daß es ihnen ja bewußt ist und sie sich schlecht fühlen. "Ich habe die besten Jahre meines Lebens aufgegeben – ich habe meine Karriere geopfert."

Handeln Sie wie ein erwachsener Mensch. Treffen Sie Ihre Wahl. Wenn Sie es tun wollen, tun Sie es. Wenn nicht, lassen Sie es. Lassen Sie das Gerede vom Opfer beiseite. Lassen Sie den anderen Menschen dankbar sein – flößen Sie ihm keine Schuldgefühle ein.

Was das Geben und Nehmen anbelangt, bekommen wir in dieser Welt im allgemeinen zurück, was wir ausgeben. Manchmal fließen uns Dinge aus unerwarteten Quellen zu und nicht von daher, wo wir sie eigentlich "erwarten". Die einzige Möglichkeit, sich als Geber Seelenfrieden zu bewahren, besteht darin, bedingungslos zu geben. Wenn Maria ihrem Verlobten Fritz die Stereoanlage mit dem Gedanken geben kann: "Ich freue mich so, daß ich dir diese Hi-Fi-Anlage schenken kann, und du kannst damit machen, was du willst", bleibt sie glücklich, was immer Fritz tut – ob er täglich Musik hört, ob er sie an seinen Bruder weitergibt oder ob Fritz sich davonmacht und eine andere heiratet.

Beim Schenken sollten wir darauf abzielen, ohne Bedingungen zu geben. Wenn wir sagen: Nimm dies, ...

a) vorausgesetzt, du weißt es zu schätzen;

b) vorausgesetzt, du weißt mich zu schätzen;

c) vorausgesetzt, du verwendest es so, wie ich mir das vorstelle;

d) vorausgesetzt, *ich bekomme etwas zurück;*

e) vorausgesetzt, du fühlst dich schuldig, ...

... dann schenken wir in Wirklichkeit gar nicht. Dann *tauschen* wir aus.

Des Pudels Kern

Der Rat "Schenken Sie, ohne Bedingungen an ihre Gabe zu knüpfen" mag sich wie ein "spiritueller" Ratschlag anhören. Es ist aber auch ein sehr praktischer Rat, der Ihnen viel Unmut ersparen kann.

Eifersucht

Nach Freuds Meinung verfallen diejenigen, die behaupten, nie eifersüchtig zu sein, der Selbsttäuschung. Die meisten von uns fühlen sich von Zeit zu Zeit etwas eifersüchtig: Jemand, an dem uns viel liegt, schenkt seine Aufmerksamkeit unserem besten Freund; ein Kollege wird befördert; und das schmerzt etwas.

Wir glauben vielleicht, es stünde nur ein bestimmtes Maß an Liebe und Zuneigung zur Verfügung. Und wenn Mutter dann unserer Schwester etwas zusätzliche Zuneigung erweist, fühlen wir uns weniger wert. Das muß nicht sein.

Wenn Ihre Mutter Ihre Schwester vergöttert, sind *Sie* deshalb nicht weniger wunderbar. Wenn Ihre Frau Ihren Bruder für süß, intelligent oder unterhaltsam hält, bedeutet das nicht, daß sie Sie weniger liebt. Es gibt genügend Platz für viele einzigartige Menschen auf der Welt.

Andere glücklich machen?

Wir sind nicht für das Glück anderer verantwortlich. Unsere Aufgabe im Leben besteht darin, uns selbst treu zu sein, so viel wie möglich zu erleben, andere so zu behandeln, wie wir selbst behandelt werden möchten, und vor allem: uns des Lebens zu *freuen*. Es ist nicht Ihre Aufgabe, Ihren Mitmenschen das Glück *aufzuzwingen*.

Wenn Ihr Nachbar sich elend, frustriert und bedrückt fühlen will, ist das sein gutes Recht. Elend ist eine Stufe im Lernprozeß des Lebens. Wenn ein Mensch ständig deprimiert sein will, erlauben Sie ihm das.

Überdenken Sie Ihr eigenes Leben. Vielleicht erinnern Sie sich an Zeiten, in denen Sie deprimiert waren und Ihre Freunde sagten: "Hör doch auf damit! Das Leben ist wunderbar!" Aber Sie waren nicht bereit zu beschließen, das Leben sei großartig, nicht wahr? Sie änderten Ihre Einstellung erst und sahen die Dinge erst anders, als Sie selbst dazu bereit waren.

Wer sind wir denn, daß wir anderen sagen, sie *müßten* glücklich sein? Wenn Gott nicht aus den Wolken herabsteigt und die Trübseligen zwingt, glücklich zu sein, wer sind wir dann, daß wir bestimmen, wie sie sich verhalten sollen?

Bedenken Sie einen Augenblick lang Ihre größten Fehler. Es mögen Ehen, Scheidungen, geschäftliche Fehlschläge, erfolglose Arbeiten, verlorene Freundschaften und so weiter sein. Hören Sie jetzt einen Augenblick zu lesen auf und überlegen Sie sich, was Sie aus diesen Fehlschlägen gelernt haben. *Hören Sie auf zu lesen!*

Also, was haben Sie gelernt? Haben Sie nicht eine ganze Menge gelernt? Wir lernen so viel aus unseren Fehlern – Erfolg wird gefeiert, Fehlschläge werden überdacht. Jedesmal, wenn Sie also ausziehen, um jemanden vor einer dummen Ehe, Reise, Scheidung, einem unvorsichtigen Schritt zu "retten", berauben Sie ihn möglicherweise einer wichtigen Lebenserfahrung. Können Sie das verantworten?

Für Ihren eigenen Seelenfrieden ...

Der Versuch, andere zu ändern, kann Sie verrückt machen, und die anderen hassen Sie dafür. Nehmen wir an, Sie haben einen Nachbarn, Trostlos. Trostlos jammert über die Regierung, die Wirtschaftslage, seine Mutter, er beschwert sich über das Wetter, die Lebensmittelpreise, er erzählt Ihnen, daß die Menschen schrecklich seien und es abwärts gehe mit der Welt, er sorgt sich um seine Gesundheit ... Alles ist für ihn ein Problem, und nichts ist der Mühe wert.

Trostlos fühlt sich elend und ist ein wirklich trüber Klotz, weil er beschlossen hat, so zu sein. Niemand hält ihm eine Pistole an den Kopf und sagt : "Trostlos, du mußt ein wirklich trüber Klotz sein." Er handelt aus freien Stücken so. Er betrachtet die Möglichkeiten, die ihm offenstehen, und *beschließt, glücklich zu sein sei zu schwierig und koste ihn zu viel Anstrengung.* Er beschließt, es sei einfacher, sich elend zu fühlen und gleichzeitig andere unglücklich zu machen.

Da Trostlos aus freien Stücken so handelt, können Sie dasselbe tun; beschließen Sie, daß er allein trostlos sein kann. Sie sagen: "Wenn Trostlos aber doch ein alter Freund ist?" Suchen Sie sich ein paar neue Freunde!

Wenn Sie von unglücklichen Menschen umgeben sind, die Sie deprimieren, Ihre Energie erschöpfen und sich weigern, sich zu ändern, dann suchen Sie sich andere Gesellschaft. Hassen Sie sie nicht, nehmen Sie es ihnen nicht übel, urteilen Sie nicht über sie. Lieben Sie sich selbst und andere genug, um sie in Ruhe zu lassen, und kümmern Sie sich um Ihre eigenen Angelegenheiten. Wenn Sie gehen, machen Sie kein Drama daraus; verkünden Sie nicht, Sie seien besser als die anderen; verbringen Sie Ihre Zeit einfach anderswo.

Und wenn andere um Hilfe bitten?

Menschen zu helfen, die um Hilfe bitten, ist etwas ganz anderes als zu beurteilen, wie andere leben sollten, und sich dann anzuschicken, sie zu ändern. Denjenigen helfen, die sich auf Weiterentwicklung eingelassen haben, ist eine freudige Erfahrung. Wenn es Ihnen gelang, Ihr Leben so einzurichten, daß es gut läuft, und jemand sagt: "Du bist immer glücklich – wie machst du das nur?", teilen Sie Ihre Gedanken mit ihnen, widmen Sie ihnen Zeit, leihen Sie ihnen Ihre Bücher. Aber in die Welt hinausziehen und andere zur Besserung anhalten ist eine frustrierende Angelegenheit, und man verübelt es Ihnen.

Ich nahm mit meinem Freund William zusammen einmal an einem Seminar teil. Dort lernten wir Leo kennen, einen, der sich nach seinen eigenen Angaben zwanghaft Sorgen macht. Er wußte nicht, wie man sich freut, und konnte sich nie etwas Gutes tun. Er arbeitete achtzig Stunden die Woche, und sein Familienleben war voller Spannung. Er trank sich jeden Abend in den Schlaf.

In dieser Woche verbrachten wir drei einige Zeit zusammen, und mir fiel auf, daß Leo uns ab und zu Fragen über unsere Einstellung zum Leben stellte. Das Seminar ging vorüber, und ich verlor den Kontakt zu Leo.

Sechs Monate später war Leo in der Stadt, rief mich an und bestand darauf, mich zum Essen einzuladen. Er sagte: "Andrew, ich schulde dir eine Einladung!"

"Wieso denn das?"

"Du wärest überrascht, wenn du wüßtest, was geschah, seit wir uns sahen. Ich habe meine Arbeitszeit verkürzt. Ich verbringe mehr Zeit mit meiner Familie, das Geschäft floriert, und ich habe mich seit sechs Monaten nicht mehr in den Schlaf getrunken. Ich habe ein schönes Auto gekauft ..."

Ich sagte: "Das ist phantastisch! Warum schuldest du mir ein Essen?"

"Weil meine Begegnung mit euch beiden von großer Bedeutung für mich war."

"Wirklich? Wie kommt das denn?"

"In der Woche, die ich mit euch beiden verbrachte, sah ich, daß ihr glücklicher und entspannter wart als ich. Ihr habt mich dazu inspiriert, mich zu ändern. Ich möchte mich bedanken."

Ich sagte: "Danke, Leo, aber das Lob gebührt dir – du hast es getan. Du kannst mich aber gerne zum Essen einladen."

Leos Anruf war eine Freude. Es freute mich zu hören, daß sein Leben gut verlief, und zu fühlen, daß ich dazu beigetragen hatte. Sein Anruf bestärkte mich auch in meinem Glauben, daß jemand, der bereit ist, sein Leben zu verändern, das auch schaffen kann. Wir können viel Frustration und Mißstimmung vermeiden, wenn wir den Menschen nicht predigen, bevor sie dazu bereit sind. Es ist nicht nötig, ihnen unsere Vorstellungen in den Rachen zu stopfen.

Des Pudels Kern

Wenn andere wirklich interessiert sind, kommen sie und bitten um Information. *Die Menschen müssen bereit sein, sich zu ändern.* Sie brauchen Ihr Evangelium nicht ungefragt und vorsorglich, für alle Fälle, zu verbreiten. Auch wenn Sie fast platzen, weil Sie es den Menschen verkünden wollen, ist es nicht nötig zu predigen. Seien Sie einfach ein Beispiel, dann fühlen Menschen sich zu Ihnen hingezogen und werden um Ihren Rat bitten. Wenn niemand Sie fragt, gehen Sie Golf spielen.

Vom Umgang mit unglücklichen Menschen

Als Gast bei einer Radiosendung beantwortete ich einmal Fragen der Zuhörer zu meinem Buch *So geht's dir gut!* Eine Frau rief an und sagte: "Herr Matthews, Sie sollten sich schämen, daß Sie davon reden, glücklich zu sein, wenn die anderen Menschen auf der Welt in Schmerzen und Elend leben; ich finde das sehr egoistisch und schändlich!"

Ihre Reaktion war etwas extrem, aber sie sprach einen wertvollen Punkt an. Wie bringen wir unser eigenes Glück mit dem Elend anderer um uns herum in Einklang? Was tun, wenn es vorübergehend schwierig ist, die Gegenwart griesgrämiger Menschen zu vermeiden? Wie gehen wir mit ihnen um? Ist es in Ordnung, vergnügt zu sein, wenn Ihr Arbeitskollege an Selbstmord denkt?

Wenn Ihnen an Ihren melancholischen Kumpels wirklich etwas läge, würden Sie sich dann nicht schlecht fühlen und ihr Elend teilen? Nein! Seien Sie um Ihrer selbst willen glücklich, und erlauben Sie den anderen, ihre eigene Wahl zu treffen. Lieben und achten Sie die Menschen und lassen Sie sie ihre eigenen Entscheidungen fällen.

Wenn Sie von unglücklichen Menschen umgeben sind und es schwierig ist, ihre Gesellschaft zu meiden, besteht Ihre bestmögliche Reaktion darin, glücklich zu sein! Wenn Sie sich im Elend der anderen suhlen, fühlen Sie sich beide unglücklich. Das hilft keinem, und Sie werden zum Opfer.

Haben Sie Mitgefühl, wenn andere unglücklich sind; erweisen Sie sich aber gleichzeitig auch selbst einen Dienst, indem Sie sich bei Laune halten. Dann bieten Sie Freude und Lachen als Alternative an. Viele Menschen benutzen Depression, um Aufmerksamkeit zu erheischen. Wenn Sie sich zu ihnen gesellen und auch depressiv werden, lassen Sie zu, daß man Sie manipuliert. Weigern Sie sich, ihr Spiel zu spielen, dann geben sie oft auf, und Sie sind beide besser dran.

Wenn andere Menschen glücklicher sind als Sie selbst ...

Wir müssen auch lernen, damit umzugehen, daß andere Menschen glücklicher sind als wir. Wenn unsere Partnerin sich wunderbar fühlt, denken wir vielleicht: "Sie scheint überglücklich zu sein, und ich bin davon ausgeschlossen." Oder schlimmer noch: "Ihr Glück scheint nichts mit dem zu tun zu haben, was ich gesagt oder getan habe. Was fällt ihr nur ein, ohne mich glücklich zu sein!"

Wenn wir darauf bestehen, daß wir der Anlaß für das Glück der Menschen sind, die wir lieben, führt das zu Eifersucht und Unzufriedenheit. Glückliche Menschen freuen sich, wenn andere glücklich sind. Sie machen sich von der Einstellung frei: "Ich möchte, daß du glücklich bist, solange du es *mit mir* bist!"

Andere verändern?

"Gute Menschen werden gefunden, nicht gemacht."
Jim Rohn

In seinen Seminaren für Geschäftsleute erzählt Jim Rohn, wie er sein eigenes Geschäft begann. Er suchte unmotivierte, begeisterungslose, unzuverlässige Menschen, stellte sie ein und versuchte dann, sie zu motivieren und zu zuverlässigen und begeisterten Menschen zu erziehen. Er fand es eine harte Aufgabe. Rohn sagt: "Ich beschloß, sie zu verändern, selbst wenn es mich umbrächte – und *es brachte mich fast um!*" Rohn lernte schnell, daß es vernünftiger sei, Menschen zu suchen, die seine Wertmaßstäbe teilten, und *diese* einzustellen.

Wenn Sie Menschen beschäftigen, können Sie sich durch dieses Prinzip Jahre der Pein ersparen. Um ein glückliches, begeistertes Team aufzubauen, stellen Sie glückliche, begeisterte Menschen ein. Die Menschen sind, wie sie sind, so sind sie nun einmal. Veränderung ist ihnen als Alternative entweder noch nicht eingefallen, erscheint ihnen nicht attraktiv oder kommt ihnen wohl sowieso zu schwierig vor. Abgesehen von der Tatsache, daß es ein Übergriff auf die andere Person ist, wenn man sie zwingt, sich zu ändern, funktioniert es nur selten. Wenn Sie eine ordentliche Sekretärin brauchen, wählen Sie keine Schlampe aus und versuchen, diese zu ändern. Wählen Sie nicht eine unzuverlässige Person und erwarten dann, sie zur Verantwortung zu erziehen. Stellen Sie nicht eine Reihe von Lügnern ein und versuchen, ehrliche Leute aus ihnen zu machen.

Dasselbe gilt für Ehemänner und Ehefrauen. Wenn Sie nüchterne Männer mögen, heiraten Sie keinen Trunkenbold! Das ist ein ganz elementarer Ratschlag, doch wo ein Partner darauf aus ist, den anderen zu "kontrollieren", geschieht oft das Gegenteil. Die Frau beschließt zum Beispiel, ihren Mann zu kontrollieren. Er nimmt es ihr übel. Sie haßt ihn, weil er sie nicht genug liebe, um sich zu ändern. Er haßt sie, weil sie ihn nicht so liebe, wie er ist. Ergebnis: Beide sind unglücklich.

Des Pudels Kern

Wenn Sie sich Menschen aussuchen, mit denen Sie zusammenleben oder -arbeiten wollen, suchen Sie Menschen, deren Wertmaßstäbe den Ihren nahekommen. Fragen Sie sich: "Wenn er sich überhaupt nicht änderte, würde ich mit diesem Typen gerne zusammenleben (oder -arbeiten)?" Wenn die Antwort "nein" lautet, schauen Sie sich weiter um.

Wer ist vollkommen?

"Mein Freund ist nicht vollkommen, ich bin es auch nicht, und so passen wir wunderbar zusammen."

Alexander Pope

Je mehr wir andere so nehmen, wie sie sind, und nicht verlangen, daß sie vollkommen sind (oder so sind wie wir), desto gelungener werden unsere Beziehungen. Wenn wir außerdem auch ein bißchen Verständnis für das Verhalten anderer aufbringen, werden wir toleranter. Zum Beispiel:

Ich habe eine Freundin, Jenny. Jenny hat Geldprobleme; nicht, daß sie keines hätte – sie hat massenweise Geld, aber sie kann es nicht ertragen, sich davon zu trennen. Wenn man zu fünft zum Essen ausgeht und die Rechnung sich auf 151.35 Dollar beläuft, holt sie ihren Taschenrechner, den sie immer mit ins Restaurant nimmt, aus der Tasche und schlüsselt es auf: "Also, das wäre pro Person 30.27 Dollar, *aber ich* hatte *kein* Brot mit Knoblauchbutter, also bin ich 30.27 Dollar schuldig, minus 15 Cent und minus die fünf Cent, die du dir vergangenen Donnerstag von mir geliehen hast ..." Sie ist fast unglaublich!

Sie ist aber auch ein sehr feiner, ehrlicher und fürsorglicher Mensch. Ich schaue lieber auf ihre guten Seiten und verstehe, daß es in ihrer Vergangenheit vielleicht irgendwann einmal eine Mutter, einen Ehemann oder ein Erlebnis gegeben hat, das ihre Einstellung zu Geld mitformte. Ich denke mir, daß es weitaus besser ist, ihr zuzugestehen, sich so zu verhalten, wie es ihr richtig erscheint, als Verdauungsstörungen wegen ihrer Einstellung zum Geld zu bekommen. Sie hat so viele gute Eigenschaften. Wenn ich sie ihrer Geldticks wegen abschreiben wollte, verlöre ich eine gute Freundin.

Ralf ist ebenfalls mein Freund. Ralf ist ein wunderbarer Gesellschafter – humorvoll, interessant, gut informiert, glücklich, begeistert, intelligent, erfolgreich; all das gibt er gerne zu. Wissen Sie, Ralph ist nämlich nicht gerade der Bescheidenste und redet gerne über sich selbst. Aber ich schätze seine Gegenwart ungeheuer.

Einerseits könnte man sagen: "Ralph ist ein Besserwisser!" und ihn abschreiben. Aber das wäre schade, weil er so viel beizutragen hat. Ich habe so viel von ihm gelernt und so oft mit ihm zusammen gelacht. Wäre Ralph wie die anderen, wäre er eben nicht Ralph!

Sie brauchen kein Psychologe zu sein, um den Menschen etwas nachzusehen oder sich ein Bild davon zu machen, welche Art von Erfahrung ihre Einstellung geformt hat. Sie brauchen sich nur vorzunehmen, Ihr Leben zu bereichern.

Wenn wir unsere Vorurteile beiseite lassen und statt dessen bestimmte Dinge vorziehen, wird es viel leichter, andere zu schätzen. Wenn jemand viel ißt, viel redet oder anderer Meinung ist als wir, schreiben wir ihn nicht ab. Wir werden toleranter, weil wir entdeckt haben, daß das die einzige Möglichkeit ist, an Menschen Freude zu haben. Und wenn sich jemand stark von uns unterscheidet, fühlen wir uns dadurch nicht abgestoßen, sondern sind fasziniert!

Niemand ist vollkommen

Vor mehreren Jahren hatte ich eine Sekretärin namens Tereska. Sie war intelligent, hilfsbereit, freundlich, interessiert, arbeitete viel und kam immer zehn Minuten zu spät zur Arbeit. Ich sagte ihr oft: "Tereska, es ist wichtig, daß jemand ab neun Uhr im Büro ist. Werden Sie sich Mühe geben, um neun Uhr hier zu sein?" Sie sagte immer ja und kam am nächsten Tag um zehn nach neun!

Ich ließ es zu, daß mir dieses Problem Sorgen machte. Ich sagte mir immer wieder: "Warum tut sie mir das an?" Ich starrte nur noch auf ihr Zuspätkommen. Ich verlor meine Perspektive. Ich verlor die Tatsache aus den Augen, daß sie eine wunderbare Sekretärin war, und ich konzentrierte mich auf die eine Eigenschaft, die ich nicht mochte.

Eines Tages betrachtete ich schließlich mein Verhalten. Ich erkannte, daß ich um neun Uhr ins Büro kam, nur um schon da zu sein, wenn sie zu spät kam – so daß ich es auskosten konnte, mich zu ärgern. Wenn sie kam, schüttelte ich meinen Kopf und sagte mir: "Es ist nicht zu glauben!" Und es fiel mir noch etwas anderes an mir auf: Es machte mir heimlich Spaß, verärgert zu sein. Wenn ich um neun Uhr draußen eine Autotür ins Schloß fallen hörte, hoffte ich, es möge nicht Tereska sein, damit ich weiterhin ärgerlich bleiben konnte. Das war ein lächerliches Verhalten, und es ist mir ein bißchen peinlich, mich daran zu erinnern, aber ich denke, ich bin hier nicht allein.

Ich hatte eine fähige und treue Helferin, doch brachte ich es fertig, mich auf ihre einzige Unzulänglichkeit zu konzentrieren.

Wie oft konzentrieren wir uns auf die Fehler der Menschen, statt auf ihre positiven Eigenschaften? Wie oft beschweren wir uns, wenn es uns, wären wir wirklich ehrlich mit uns selbst, Spaß macht, uns zu beschweren ...?

Wir sitzen vor dem Fernseher und wissen bereits, daß Onkel Fritz die Lautstärke aufdreht, wenn er hereinkommt, wir warten schon darauf, und wir bereiten uns bereits darauf vor, uns darüber zu ärgern. Fritz kommt und dreht die Lautstärke auf, und wir sagen uns: "Ich hasse es, wenn er das tut", aber innerlich hoffen wir trotzdem insgeheim, daß er es tut.

Ich bin der Ansicht, daß die Menschen uns etwas, das uns stört, immer wieder antun. Wenn Ihr Ehemann beim Essen schmatzt und Sie das hassen und bereits auf sein Schmatzen warten, dann enttäuscht er Sie bestimmt nie. Wenn Ihr Sohn die Tür offen läßt und Sie es hassen und nur darauf warten, daß er es tut, macht er ein Hobby daraus.

SIE MÜSSEN WISSEN, DASS SIEBZIG PROZENT DER MENSCHEN GROSSE PROBLEME MIT IHREN PARTNERN HABEN!
WAS IST MIT DEN ANDEREN DREISSIG PROZENT?
DIE SIND LEDIG!
MATTHEWS

Wenn wir uns über andere Menschen ärgern, müssen wir uns zwei Fragen stellen:

"Warum konzentriere ich mich nicht auf ihre guten Seiten?"

"Welchen Vorteil habe ich, wenn ich mich aufrege?"

Meistens werden wir ärgerlich, weil wir uns ärgern *wollen.* Es gibt für jedes Verhalten eine "Belohnung". Als Lohn für die Verärgerung werden wir a) zu Märtyrern *(Ich bin in Ordnung, du nicht)* und können wir b) die Schuld auf andere abschieben *(Ich bin unglücklich und du bist schuld daran).*

Die Alternative zu chronischem Verärgertsein besteht darin, flexibel zu sein. Geben Sie ein bißchen nach und sehen Sie ein, daß alle verschieden sind. Die Menschen haben unterschiedliche Temperamente und unterschiedliche Prioritäten. Manche Menschen brüllen und schreien und andere regen sich nie auf, manche zeigen jede Gefühlsregung und andere öffnen sich nie, manche kommen immer zu spät, manche horten ihr Geld und manche verschleudern es. Geben Sie ihnen den Raum, den sie brauchen, um so zu sein, wie sie nun einmal sind. Erweisen Sie den anderen genügend Respekt, um sie das Leben auf ihre eigene Weise erfahren zu lassen. *Geben Sie ein bißchen nach.*

Es ist in Ordnung, sich aufzuregen, aber es hindert uns daran, das Leben zu genießen. Sie können, wenn Sie wollen, beschließen, sich nicht aufzuregen. *Üben Sie Toleranz nicht, um heiliger zu sein, sondern um glücklicher zu sein!*

Des Pudels Kern

Im Leben geht es um Menschen. Wenn wir zu viele Bedingungen für das Verhalten anderer stellen, riskieren wir, uns vom Leben abzusondern.

Zweifellos haben Sie Bekannte, die weniger pünktlich, sparsamer, weniger zuverlässig sind als Sie selbst; Menschen, die mehr trinken oder weniger rauchen als Sie, Leute, die gesprächiger, weniger bescheiden, leichtfertiger oder ernsthafter sind als Sie. *Seien Sie flexibel.* Freuen Sie sich an den Unterschieden bei denen, die Ihre Welt ausmachen. Freuen Sie sich an deren Einzigartigkeit, und Sie tun sich einen riesigen Gefallen.

Ende

Nachwort

Beim Schreiben von *So machst du dir Freunde* habe ich einige große Themen behandelt: "Die Verantwortung für sein Leben übernehmen ... Zum Vorteil aller Toleranz üben ... Das Positive betonen ... Wer respektiert werden will, muß Respekt erweisen ..."

Wir müssen unseren Teil beitragen und nicht nur in Anspruch nehmen; wenn wir Freunde haben wollen, müssen wir das Leben der Menschen bereichern. Liegt die wahre Freude schließlich nicht darin, daß wir ... aushelfen, andere überraschen, etwas mehr tun, als notwendig, und manchmal einfach nur "da sind"?

Wir müssen Spaß haben und Freude bereiten.

Die anderen wollen auch, daß wir *echt* sind. Um ein Freund zu sein, braucht man nicht mehr werden, als man ist. Wir brauchen nicht komplizierter zu werden oder weltgewandter. Statt dessen legen wir ein paar Schichten ab und zeigen mehr von uns selbst.

Es kann in bezug auf das Schließen von Freundschaften kein letztes Wort, kein Patentrezept geben. Die Menschen bringen uns täglich durcheinander, verwirren uns, frustrieren und entzücken uns; wir können nie erwarten, sie ganz zu verstehen. Es gibt keine Formeln für Freundschaft, aber es gibt ein paar grobe Richtlinien, an denen wir uns orientieren können.

Mögen Sie aus den Gedanken in diesem kleinen Buch einen Nutzen ziehen, und mögen Sie auf Ihrem Weg mehr als Ihren Anteil an Freude, Lachen und dauerhaften Freundschaften finden.

Ich danke ...

... *Norma Miraflor,* meiner Lektorin, dafür, daß sie genau weiß, wie man ein Manuskript in ein Buch verwandelt. Deine Hilfe und Dein Wissen waren für mich sehr wertvoll.

... *Ian Ward* von Media Masters. Deine unerschöpfliche Energie und Begeisterung als Verleger sind eine Inspiration. Ian, Du bist wirklich etwas Besonderes!

... und *Julie*, meiner besten Freundin. Danke für die Liebe und Freude, die Du jeden Tag in mein Leben bringst.

Andrew Matthews:

Tu, was dir am Herzen liegt

142 Seiten. ISBN 978-3-932098-39-0

Leseprobe: www.vakverlag.de

Dieses Buch zeigt exemplarisch, wie Menschen denken und handeln, die Freude am Leben haben und erfolgreich sind. Es vermittelt mit Witz und Humor, wie man …

- dahin kommt, eine Arbeit zu tun, die man gerne macht
- sich selbst und die anderen lieben, das heißt akzeptieren lernt
- sein inneres Gleichgewicht findet
- sein Leben meistert, indem man die Verantwortung dafür übernimmt.

Andrew Matthews:

So geht's dir gut

137 Seiten ISBN 978-3-924077-32-7

Leseprobe: www.vakverlag.de

Dieses Buch handelt davon, warum Sie immer nur Ihre besten Kleider mit Spaghetti bolognese bekleckern oder warum Ampeln gerade dann eine ganze Ewigkeit auf Rot stehen, wenn Sie – bereits verspätet – zu einer Verabredung unterwegs sind oder warum manche Leute immer zur rechten Zeit am richtigen Ort zu sein scheinen – und wie Sie dazugehören können.
Der Autor zeigt auf ebenso geistvolle wie amüsante Weise, wie Sie sich selbst verstehen, über sich selbst lachen, sich selbst vergeben und damit erfolgreicher und glücklicher werden können.

Andrew Matthews:

Voll gut drauf und alles im Griff

132 Seiten. ISBN 978-3-935767-15-6

Leseprobe: www.vakverlag.de

Andrew Matthews gibt hier Antworten auf viele Fragen, die Jugendliche nie stellen würden, aber trotzdem gern beantwortet hätten: „Wer bin ich?“ – „Bin ich normal?“ – „Warum sind meine Eltern und Lehrer so doof?“ Ob Flugzeuge im Bauch oder enttäuschte Erwartungen, ob Ärger oder Stress – Matthews trifft den Ton der Teenager. Ein fesselndes Lesevergnügen mit vielen Beispielen aus dem wahren Leben, voller satirischer Spitzen und treffsicherer Cartoons.
Für Teens von heute und alle, die mit ihnen zu tun haben, aber manchmal einfach nicht mehr wissen, was sie anstellen sollen, um beim Nachwuchs rüberzukommen.

Abonnieren Sie unseren Newsletter (gratis): www.vakverlag.de